DEUTSCHE AKADEMIE DER WISSENSCHAFTEN ZU BERLIN

VORTRÄGE UND SCHRIFTEN

HEFT 56

# DIE ÜBERGANGSPERIODE VOM KAPITALISMUS ZUM SOZIALISMUS IN DER DEUTSCHEN DEMOKRATISCHEN REPUBLIK

von

*Fred Oelßner*

2. durchgesehene Auflage

BERLIN 1956

---

AKADEMIE-VERLAG

Vortrag, gehalten auf der Theoretischen Konferenz des Instituts für Wirtschaftswissenschaften der Deutschen Akademie der Wissenschaften zu Berlin am 11. März 1955

Zum Druck angenommen für die Vorträge und Schriften von der Klasse für Philosophie, Geschichte, Staats-, Rechts- und Wirtschaftswissenschaften am 24. März 1955

Erschienen im Akademie-Verlag GmbH., Berlin W 8, Mohrenstr. 39
Lizenz-Nr. 202 · 100/616/56
Satz und Druck: VEB Druckerei „Thomas Müntzer" Bad Langensalza
Bestell- und Verlagsnummer: 2003/56
Preis DM 0,80
Printed in Germany

## INHALTSVERZEICHNIS

## Vorbemerkung zur zweiten Auflage

Die wichtigen Ergebnisse des XX. Parteitages der KPdSU wie auch die in der Deutschen Demokratischen Republik in den letzten anderthalb Jahren eingetretenen Veränderungen machten es notwendig, an der Neuauflage des im Frühjahr 1955 gehaltenen Vortrages einige Korrekturen vorzunehmen. Da ich es als unzulässig betrachte, den Text einer solchen Rede nachträglich grundlegend zu ändern, war größte Zurückhaltung geboten. Ich habe mich deshalb darauf beschränkt, die im ursprünglichen Text enthaltene falsche These von der gesetzmäßigen Verschärfung des Klassenkampfes in der Übergangsperiode auszumerzen und in Fußnoten auf die inzwischen eingetretenen neuen Erscheinungen hinzuweisen. Damit dürfte die hiermit vorliegende zweite Auflage des Vortrages den notwendigen Anforderungen genügen.

*Fred Oelßner*

Berlin, den 31. Juli 1956

# Die Übergangsperiode vom Kapitalismus zum Sozialismus in der Deutschen Demokratischen Republik

## I. Die Notwendigkeit der Übergangsperiode

Die größten Söhne der deutschen Nation, Karl Marx und Friedrich Engels, begründeten mit der wahrhaft wissenschaftlichen politischen Ökonomie auch die objektive historische Notwendigkeit der Übergangsperiode vom Kapitalismus zum Sozialismus. Sie wiesen wissenschaftlich nach, daß im Schoße der kapitalistischen Produktionsweise keinerlei fertige Formen der sozialistischen Wirtschaft entstehen können, weil das kapitalistische Eigentum an den Produktionsmitteln, das die Grundlage der kapitalistischen Produktionsverhältnisse bildet, ein unüberwindliches Hindernis dafür darstellt.

Beim Übergang von der auf Sklaverei beruhenden Produktionsweise zur feudalen Produktionsweise, wie auch beim Übergang von der feudalen zur kapitalistischen Produktionsweise war die Herausbildung der neuen Wirtschaftsform im Schoße der alten Produktionsweise möglich und hat sich auch tatsächlich vollzogen, weil diese drei sozialökonomischen Formationen von gleichem Typus waren: sie beruhten alle drei auf dem Privateigentum an den Produktionsmitteln und waren nur verschiedene Formen der Ausbeutung des Menschen durch den Menschen. Daher konnte — ökonomisch gesehen — die eine Formation aus der anderen herauswachsen. Die Hauptaufgabe der bürgerlichen Revolutionen bestand darin, die politische Macht in die Hände der Bourgeoisie zu legen, damit die politische Herrschaftsform mit der schon bestehenden kapitalistischen Wirtschaft in Übereinstimmung gebracht wurde.

Ein Hineinwachsen des Kapitalismus in den Sozialismus ist unmöglich, da es sich hier um sozialökonomische Formationen von grundverschiedenem Typus handelt. In direktem Gegensatz zum Kapitalismus beruht die sozialistische Produktionsweise auf dem gesellschaftlichen Eigentum an den Produktionsmitteln, sie ist nicht die Ersetzung einer Form der Ausbeutung durch eine andere, sondern die Beseitigung jeglicher Form der Ausbeutung des Menschen durch den Menschen. Diese Wirtschaftsform ist von grundlegend neuer Qualität und der kapitalistischen entgegengesetzt, so daß ihre Entwicklung sich nur durch die revolutionäre Umwandlung der kapitalistischen Produktionsweise vollziehen kann.

Gewiß schafft der Kapitalismus, je mehr er sich entwickelt, um so mehr auch die materiellen Voraussetzungen für die sozialistische Produktionsweise, indem er die Produktion vergesellschaftet. Zugleich aber verschärft sich mit dieser Entwicklung der grundlegende Widerspruch des Kapitalismus zwischen dem gesellschaftlichen Charakter der Produktion und dem privaten Charakter der Aneignung. Das kapitalistische Eigentum an den Produktionsmitteln, das die Grundlage der kapitalistischen Produktionsweise bildet, wird immer mehr zur Fessel für die Entwicklung der gesellschaftlichen Produktivkräfte. Das ökonomische Entwicklungsgesetz der Gesellschaft — das Gesetz der unbedingten Übereinstimmung der Produktionsverhältnisse mit dem Charakter der Produktivkräfte — erfordert immer gebieterischer die Lösung dieses Widerspruches, d. h. die Beseitigung des kapitalistischen Eigentums an den Produktionsmitteln. Erst mit der Vernichtung dieser Eigentumsform, mit der Schaffung des gesellschaftlichen Eigentums an den Produktionsmitteln können sich die sozialistischen Produktionsverhältnisse entwickeln, können die Ausbeuterklasse und die Ausbeutung des Menschen durch den Menschen beseitigt werden. Dann erst wird auch der antagonistische Klassengegensatz verschwinden, der die bürgerliche Gesellschaft kennzeichnet.

Diese Umwandlung der gesellschaftlichen Produktionsverhältnisse ist ein mehr oder weniger langer Prozeß, der eine ganze historische Periode umfaßt, die wir als Übergangsperiode vom Kapitalismus zum Sozialismus bezeichnen. In seinen Randglossen zum Gothaer Programm schrieb KARL MARX:

> „Zwischen der kapitalistischen und der kommunistischen Gesellschaft liegt die Periode der revolutionären Umwandlung der einen in die andre. Der entspricht auch eine politische Übergangsperiode, deren Staat nichts andres sein kann als *die revolutionäre Diktatur des Proletariats.*“[1])

---

[1]) KARL MARX und FRIEDRICH ENGELS, Ausgewählte Schriften in zwei Bänden, „Kritik des Gothaer Programms“, Dietz Verlag, Berlin 1955, Band II, S. 25.

Die unbedingte Voraussetzung für die Übergangsperiode vom Kapitalismus zum Sozialismus ist die siegreiche Durchführung der sozialistischen Revolution, welche die politische Macht der Bourgeoisie stürzt und die politische Macht der Arbeiterklasse errichtet. Denn nur im Besitze der politischen Macht vermag die Arbeiterklasse dem Gesetz der unbedingten Übereinstimmung der Produktionsverhältnisse mit dem Charakter der Produktivkräfte Geltung zu verschaffen und das kapitalistische Eigentum an den Produktionsmitteln durch sozialistisches Eigentum zu ersetzen. Darum heißt es in dem sowjetischen Lehrbuch „Politische Ökonomie“:

> „Die Übergangsperiode vom Kapitalismus zum Sozialismus beginnt mit der Errichtung der proletarischen Macht und endet mit dem Aufbau des Sozialismus — der ersten Phase der kommunistischen Gesellschaft.“[1])

Die politische Macht der Arbeiterklasse beruht auf ihrem festen Bündnis mit den werktätigen Massen der Bauernschaft, die gleicherweise an der Befreiung von Druck und Ausbeutung durch das Kapital interessiert sind. Mit der Beseitigung des kapitalistischen Eigentums und der Bildung des gesellschaftlichen Eigentums an den Produktionsmitteln, die sich in hartem Klassenkampf gegen die Kapitalistenklasse und ihren Anhang vollzieht, schafft die proletarische Staatsmacht die neuen ökonomischen Bedingungen, aus denen sich die sozialistischen Produktionsverhältnisse entwickeln. Die proletarische Staatsmacht besetzt die wirtschaftlichen Kommandohöhen, indem sie die Großindustrie, die Eisenbahnen, die Banken, den Außenhandel usw. in gesellschaftliches, d. h. in staatliches Eigentum verwandelt.

Die proletarische Staatsmacht spielt in der Übergangsperiode vom Kapitalismus zum Sozialismus die entscheidende Rolle. Sie ist das Instrument in den Händen der Arbeiterklasse, mit dem sie den Widerstand der Ausbeuter unterdrückt und das Land verteidigt, die werktätigen und ausgebeuteten Massen endgültig von der Bourgeoisie löst und in den sozialistischen Aufbau einbezieht, sie ist das Instrument für den Aufbau der sozialistischen Gesellschaft. Nur mit Hilfe der Staatsmacht vermag die Arbeiterklasse die Aufgaben der Übergangsperiode in Angriff zu nehmen und erfolgreich zu lösen. Darum ist die Sicherung und Festigung der Staatsmacht der Arbeiter und Bauern die dringendste und wichtigste Aufgabe in der Übergangsperiode vom Kapitalismus zum Sozialismus.

---

[1]) „Politische Ökonomie“, Lehrbuch, Dietz Verlag, Berlin 1955, S. 364.

Bisher hat nur ein einziges Land der Welt die Übergangsperiode vom Kapitalismus zum Sozialismus durchgemacht und erfolgreich beendet, die Union der Sozialistischen Sowjetrepubliken. Die Erfolge der Sowjetunion beim Aufbau des Sozialismus waren eine solche historische Bestätigung der marxistisch-leninistischen politischen Ökonomie, wie sie bisher keine Gesellschaftslehre in der Geschichte der Menschheit erfahren hat. Wenn sich nach der hundertjährigen triumphalen Entwicklung der proletarischen politischen Ökonomie jetzt, in der Mitte des 20. Jahrhunderts, in Karlsruhe Richter und Staatsanwälte finden, die über den Marxismus-Leninismus zu Gericht sitzen wollen, so bestätigen sie damit nur, daß die Geschichte über ihre Ordnung längst den Stab gebrochen hat.

Die reichen Erfahrungen, die das Sowjetvolk in der Übergangsperiode gesammelt hat, die neuen Formen der Wirtschaftsführung, die es entwickelt hat, die neuen Wege, die es im Aufbau des Sozialismus erforscht und erfolgreich beschritten hat, all das ist zum Gemeingut der fortschrittlichen Menschheit geworden. Dieses Neue ist zum ersten Male zusammengefaßt, verallgemeinert und systematisiert worden in dem sowjetischen Lehrbuch „Politische Ökonomie". Daher bildet dieses Lehrbuch für alle Länder, die den Weg zum Sozialismus beschritten haben, also auch für uns in der Deutschen Demokratischen Republik, eine unschätzbare Grundlage für das Studium der Übergangsperiode vom Kapitalismus zum Sozialismus und eine praktische Anleitung zur Lösung der Aufgaben, die uns in der Übergangsperiode gestellt sind.

Das charakteristische Merkmal der Übergangsperiode ist die Ersetzung der alten, kapitalistischen Produktionsverhältnisse durch die neuen, sozialistischen Produktionsverhältnisse. Damit ist schon gesagt, daß die Übergangsperiode durch das zeitweilige Nebeneinanderbestehen des Alten und des Neuen gekennzeichnet ist, wobei das Verhältnis zwischen Altem und Neuem am Anfang der Übergangsperiode natürlich ganz anders ist als an ihrem Ende. Ökonomisch ist die Übergangsperiode durch das Vorhandensein verschiedener Wirtschaftsformen gekennzeichnet, deren wichtigste sind:

a) die sozialistische Wirtschaft
b) die kleine Warenwirtschaft
c) die kapitalistische Wirtschaft.

Entsprechend diesen verschiedenen Wirtschaftsformen bestehen in der Übergangsperiode auch noch verschiedene Klassen. Die

Hauptklassen sind die Arbeiterklasse und die Klasse der werktätigen Bauernschaft. Außerdem gibt es noch die Bourgeoisie, die sich auf die noch vorhandenen kapitalistischen Betriebe in Industrie, Verkehr, Handel und Landwirtschaft sowie auf die in anderen Ländern noch herrschende Bourgeoisie stützt.

Da die proletarische Staatsmacht das wichtigste Instrument zur Lösung aller Aufgaben der Übergangsperiode ist, besteht die politische Hauptaufgabe in der Übergangsperiode in der Festigung des Bündnisses der Arbeiterklasse mit der werktätigen Bauernschaft als der Grundlage der proletarischen Staatsmacht.

Die wichtigste ökonomische Aufgabe der Übergangsperiode besteht darin, die sozialistischen Produktionsverhältnisse in allen Wirtschaftszweigen zu schaffen, zu festigen und zu erweitern. Dies kann nur im unablässigen Klassenkampf geschehen, wobei der Ausgang dieses Kampfes von der Teilnahme der breiten werktätigen Massen am sozialistischen Aufbau bestimmt wird. Der Grundwiderspruch der Wirtschaft der Übergangsperiode, so stellt das sowjetische Lehrbuch fest, ist der Widerspruch zwischen dem gerade entstandenen, jedoch in der ersten Zeit noch schwachen Sozialismus, dem die Zukunft gehört, und dem gestürzten, zunächst noch starken Kapitalismus, der seine Wurzeln in der kleinen Warenproduktion hat und das Vergangene darstellt. Die Aufhebung dieses Widerspruches geht in dem Maße voran, wie die werktätigen Massen den Aufbau des Sozialismus zu ihrer eigenen Sache machen.

Das Schwergewicht bei der Lösung der Aufgaben in der Übergangsperiode liegt darin, die Umwandlung vornehmlich mit ökonomischen Mitteln zu erzielen. Darum ist die Wirtschaftspolitik der proletarischen Staatsmacht für die Übergangsperiode von entscheidender Bedeutung. Die wichtigste Aufgabe, die durch die Wirtschaftspolitik gelöst werden muß, ist die Entwicklung der ökonomischen Verbindung der sozialistischen Industrie mit der bäuerlichen Wirtschaft und auch den anderen Wirtschaftsformen. Aus dem Warencharakter der kleinbäuerlichen Wirtschaft ergibt sich der Austausch durch Kauf und Verkauf als die entsprechende Form dieser ökonomischen Verbindung. Daher wird der Zusammenschluß zwischen Industrie und Landwirtschaft mittels des Handels zur ökonomischen Notwendigkeit. Handel bedingt aber Warenzirkulation und Geldzirkulation. Die Wirtschaftspolitik, die der Ausnutzung der ökonomischen Formen des Handels und der Geldzirkulation zum Aufbau des Sozialismus entspricht, wurde von LENIN bereits im Jahre 1918 begründet und ist in die Geschichte unter der Bezeichnung NÖP — Neue Ökonomische Politik — eingegangen. Sie wurde so genannt, weil sie im Jahre 1921 den sogenannten Kriegskommunismus ablöste, der durch Intervention und Bürgerkrieg notwendig geworden war. Der Kriegskommunismus beruhte auf der staatlichen Einziehung aller überschüssigen Lebensmittel bei den Bauern, dem Verbot des Handels und auf der Naturalversorgung in der Industrie. Ihm gegenüber war die NÖP eine

> „Wirtschaftspolitik, die auf den Aufbau des Sozialismus gerichtet ist und den Markt, den Handel und die Geldzirkulation ausnutzt."[1])

An die Stelle der Pflichtablieferung trat die Naturalsteuer. Der freie Handel mit den darüber hinaus erzeugten Produkten wurde gestattet. Der Handel wurde zum wichtigsten Bindeglied zwischen der sozialistischen Industrie und der kleinbäuerlichen Wirtschaft. Gleichzeitig wurde mit dem Übergang zur Neuen Ökonomischen Politik in der Industrie von der Naturalversorgung zum System des Kaufs und des Verkaufs übergegangen. Daraus ergab sich die Notwendigkeit, die staatlichen Betriebe auf die Wirtschaftliche Rechnungsführung umzustellen. Das Wesen der Neuen Ökonomischen Politik besteht also in dem ökonomischen Bündnis der Arbeiterklasse mit den werktätigen Bauern, in der weitgehenden Ersetzung der administrativen Methoden in der Wirtschaftsführung durch die Anwendung der ökonomischen Hebel, durch die bewußte Ausnutzung der objektiven ökonomischen Gesetze zum Aufbau des Sozialismus. Die Neue Ökonomische Politik ist die Methode der Ausnutzung der objektiven ökonomischen Gesetze des Sozialismus in der Übergangsperiode vom Kapitalismus zum Sozialismus. Daher weist das Lehrbuch „Politische Ökonomie" mit Recht darauf hin, daß die Grundprinzipien der in der UdSSR durchgeführten Neuen Ökonomischen Politik für jedes Land, das den Sozialismus aufbaut, eine Anleitung zum Handeln sind. In der Tat liegen die Grundprinzipien der von LENIN begründeten NÖP dem Aufbau des Sozialismus in den volksdemokratischen Ländern zugrunde. Auf ihnen beruht auch die Tätigkeit zur Errichtung der Grundlagen des Sozialismus in der Deutschen Demokratischen Republik. Die Neue Ökonomische Politik ist die charakteristische Wirtschaftspolitik des Arbeiter-und-Bauernstaates für die ganze Übergangsperiode vom Kapitalismus zum Sozia-

[1]) „Politische Ökonomie", Lehrbuch, S. 380.

lismus. Der Sieg des Sozialismus bedeutete in der Sowjetunion das Ende der Übergangsperiode und das Ende der NÖP.

Infolge der neuen ökonomischen Bedingungen, die von der proletarischen Staatsmacht geschaffen werden, verlieren die objektiven ökonomischen Gesetze des Kapitalismus im Verlaufe der Übergangsperiode ihre Kraft, während auf der Grundlage des gesellschaftlichen Eigentums an den Produktionsmitteln die neuen ökonomischen Gesetze des Sozialismus entstehen. Diese dehnen dank der richtigen Durchführung der Neuen Ökonomischen Politik ihren Wirkungsbereich immer mehr aus und werden zu den in der ganzen Volkswirtschaft vorherrschenden Gesetzen, während die ökonomischen Gesetze des Kapitalismus schließlich ganz vom Schauplatz verschwinden.

Wie die Übergangsperiode durch das Vorhandensein verschiedener Wirtschaftsformen gekennzeichnet ist, genauso ist für sie das Vorhandensein verschiedenartiger ökonomischer Gesetze, der Gesetze des Kapitalismus und der Gesetze des Sozialismus, charakteristisch. Es ist daher nicht richtig, wie dies häufig geschieht, von den ökonomischen Gesetzen der Übergangsperiode zu sprechen. Die Übergangsperiode hat keine eigenen ökonomischen Gesetze, sondern sie ist die geschichtliche Periode der Verdrängung und Ablösung der ökonomischen Gesetze des Kapitalismus durch die ökonomischen Gesetze des Sozialismus. Ebenso unrichtig ist es, von einer besonderen Basis der Übergangsperiode zu sprechen. „Im Verlauf der Übergangsperiode wird ...", so heißt es im Lehrbuch „Politische Ökonomie", „... die alte, kapitalistische Basis beseitigt und eine neue, die sozialistische Basis geschaffen. ..."[1]

Die Übergangsperiode vom Kapitalismus zum Sozialismus ist daher eine Periode des Klassenkampfes, der sich in den verschiedensten Formen vollzieht und in dessen Verlauf die Arbeiterklasse immer breitere Schichten der Bevölkerung für die Teilnahme am sozialistischen Aufbau gewinnt. Die mit den werktätigen Bauernmassen verbündete Arbeiterklasse nutzt die in ihren Händen befindliche Staatsmacht, die wirtschaftlichen Kommandohöhen und die von ihr erkannten objektiven ökonomischen Gesetze des Sozialismus aus, um die für den Sieg des Sozialismus erforderliche Entwicklung der Produktivkräfte zu sichern, die neue sozialistische Basis zu festigen und zu erweitern und damit den ökonomischen Gesetzen des Sozialismus immer breiteren Spielraum zu verschaffen.

[1] „Politische Ökonomie", Lehrbuch, S. 364.

Mit der Bildung des gesellschaftlichen Eigentums an den Produktionsmitteln entsteht das ökonomische Grundgesetz des Sozialismus, das im sozialistischen Sektor zu wirken beginnt. Da der sozialistische Staat die Kommandohöhen der Wirtschaft innehat, dehnt das ökonomische Grundgesetz des Sozialismus allmählich seinen Einfluß auf die Entwicklung der gesamten Volkswirtschaft aus. Das ökonomische Grundgesetz des monopolistischen Kapitalismus verliert seine Kraft, das Mehrwertgesetz hat nur noch im kapitalistischen Sektor eine Wirkung, die immer mehr eingeschränkt wird.

Als Gegengewicht zum Gesetz der Konkurrenz und Anarchie im Kapitalismus entsteht das Gesetz der planmäßigen (proportionalen) Entwicklung der Volkswirtschaft und beginnt allmählich zu wirken. Dieses Gesetz, das die planmäßige Leitung der Wirtschaft und die planmäßige Herstellung der richtigen Proportionen zwischen den Wirtschaftszweigen möglich und notwendig macht, dehnt seine Wirkung in dem Maße aus, wie der sozialistische Sektor der Wirtschaft erstarkt und sich erweitert.

Im sozialistischen Sektor der Wirtschaft verliert das kapitalistische Lohngesetz seine Wirkung, und an seine Stelle tritt das ökonomische Gesetz der Verteilung nach Arbeitsleistung.

Durch diese Änderungen in den ökonomischen Verhältnissen verändern sich in der Übergangsperiode auch grundlegend die Bedingungen für das Wirken des Wertgesetzes, dessen Weiterbestehen dadurch bedingt ist, daß Warenproduktion und Warenzirkulation fortbestehen. Jedoch wird die anarchische Wirkung des Wertgesetzes immer mehr eingeschränkt, es wird den sozialistischen Bedingungen untergeordnet und verwandelt sich in ein wichtiges Instrument der sozialistischen Wirtschaftsführung.

Diese hier in groben Umrissen skizzierte Entwicklung der Übergangsperiode in der Sowjetunion wird jedes Land in ihren Grundzügen durchmachen müssen, das den Weg zum Sozialismus beschritten hat. Jedoch weisen alle Länder, die nach dem zweiten Weltkrieg, d. h. in der zweiten Etappe der allgemeinen Krise des Kapitalismus den Weg zum Sozialismus beschritten haben, außer ihren nationalen Besonderheiten einige wesentliche Unterschiede gegenüber der Entwicklung in der Sowjetunion auf, die für den sozialistischen Aufbau in diesen Ländern außerordentlich günstig sind. Diese Unterschiede sind folgende:

a) Die Sowjetunion war infolge der militärischen Intervention der imperialistischen Länder und infolge des von der weißgardistischen Konterrevolution angezettelten Bürgerkrieges gezwungen, die Wirtschaftspolitik des Kriegskommunismus durchzuführen, die ihr den Sieg über die Feinde der Sowjetmacht ermöglichte. Als nach dem Sieg über die Interventen und Konterrevolutionäre im Frühjahr 1921 zur Neuen Ökonomischen Politik übergegangen wurde, enthielt diese daher ein Element des Rückzuges in sich. In der „Geschichte der Kommunistischen Partei der Sowjetunion (Bolschewiki)“ heißt es darüber:

> „Der Kriegskommunismus war ein Versuch, die Festung der kapitalistischen Elemente in Stadt und Land im Sturm, durch einen Frontalangriff, zu nehmen. In dieser Offensive war die Partei weit vorausgeeilt und lief dabei Gefahr, sich von ihrer Basis zu lösen. Jetzt schlug Lenin vor, etwas zurückzugehen, sich zeitweilig etwas tiefer in das eigene Hinterland zurückzuziehen, vom Sturme zu einer langwierigeren Belagerung der Festung überzugehen, um nach Sammlung der Kräfte die Offensive von neuem zu beginnen.“[1])

Bereits ein Jahr nach Einführung der NÖP erklärte Lenin, daß der Rückzug beendet sei.

In den Ländern der Volksdemokratie gab es dank der Unterstützung durch die Sowjetunion keine ausländische Intervention, so daß diese Länder ohne den Kriegskommunismus ausgekommen sind. Daher weist die Anwendung der Grundprinzipien der Neuen Ökonomischen Politik in diesen Ländern auch kein Element des Rückzuges auf, sondern sie ist von Anfang an die auf die Errichtung des Sozialismus orientierte Politik des proletarischen Staates, die schon in ihrer ersten Etappe durch den ökonomischen Angriff auf die Positionen des Kapitalismus charakterisiert ist.

b) Die Sowjetunion war das erste Land, in dem die sozialistische Revolution siegte, sie blieb bis zum Ausgang des zweiten Weltkrieges das *einzige* sozialistische Land. Dadurch entstand dem Sowjetvolk die außerordentlich schwierige Aufgabe, den Sozialismus allein, in einem einzelnen Lande, in völliger kapitalistischer Umkreisung aufzubauen. Sie fand weder bei der sozialistischen Industrialisierung noch bei der Kollektivierung der Landwirtschaft irgendeine Unterstützung von außen. Nur auf die eigene Kraft gestellt, im harten Kampf gegen die Feinde im Innern und

[1]) „Geschichte der Kommunistischen Partei der Sowjetunion (Bolschewiki)“, Kurzer Lehrgang, Dietz Verlag, Berlin 1955, S. 320.

unter ständiger Bedrohung von außen vollbrachte das Sowjetvolk unter Führung seiner ruhmreichen Kommunistischen Partei das grandiose Werk des siegreichen sozialistischen Aufbaus in einem einzelnen Lande.

Wie ganz anders ist die Lage heute! Unter Führung der Sowjetunion, die den Aufbau des Sozialismus vollendet und den allmählichen Übergang zum Kommunismus eingeleitet hat, bildet sich das mächtige Lager des Friedens, der Demokratie und des Sozialismus, das fast eine Milliarde Menschen umfaßt. In diesem Lager genießen alle Länder in ihrem sozialistischen Aufbau die brüderliche Hilfe und Unterstützung der Sowjetunion und der anderen Länder dieses Lagers. Es hat sich der demokratische Weltmarkt gebildet, der für die ökonomische Entwicklung aller Länder des sozialistischen Lagers große Bedeutung hat. So braucht heute kein Volk mehr den Sozialismus allein aufzubauen, sondern kann sich auf die ungeheure Kraft des sozialistischen Lagers und vor allem auf die selbstlose Hilfe der Sozialistischen Sowjetunion stützen.

c) Die Sowjetunion war das *erste* Land der Welt, das den unerforschten Weg der sozialistischen Entwicklung beschritten hatte. Zwar hatten MARX, ENGELS und LENIN die Grundlinien des sozialistischen Aufbaus aufgezeigt, aber es galt nun, unter den vorhandenen Bedingungen der Übergangsperiode in der Sowjetunion die konkreten Maßnahmen zur Wiederherstellung der Wirtschaft des Landes, zur sozialistischen Industrialisierung, zur Kollektivierung der Landwirtschaft, zur Steigerung des materiellen Wohlstandes der Werktätigen, zur Durchführung der Kulturrevolution festzulegen. Es ist vor allem das unsterbliche Verdienst W. I. LENINS, sowohl die Lehre von der Übergangsperiode wie die politische Ökonomie des Sozialismus begründet zu haben, die von J. W. STALIN durch eine Reihe neuer Thesen der ökonomischen Wissenschaft weiterentwickelt wurde. Wenn wir heute in dem Lehrbuch „Politische Ökonomie“ eine zusammenfassende Darstellung sowohl der Übergangsperiode vom Kapitalismus zum Sozialismus wie des sozialistischen Systems der Volkswirtschaft haben, so ist dies die wissenschaftliche Verallgemeinerung der reichen Erfahrungen, die das Sowjetvolk im sozialistischen Aufbau gesammelt hat.

Das bedeutet eine große Erleichterung für den sozialistischen Aufbau in allen Ländern, auch in der Deutschen Demokratischen Republik. Wir brauchen heute nicht mehr in unerforschte Gebiete vorzudringen, wir brauchen die neuen ökonomischen Gesetze, die in der Übergangsperiode entstehen, nicht mehr zu entdecken, ihre Wirkung nicht mehr zu erforschen — das alles haben die Sowjetmenschen bereits auch für uns getan. Unsere Aufgabe ist es, diese Erfahrungen gründlich zu studieren, sie uns anzueignen und zu lernen, sie unter unseren Bedingungen richtig anzuwenden. Ich will keineswegs behaupten, daß dies eine kleine oder leichte Aufgabe sei, wir alle kennen sehr gut die Schwierigkeit und Kompliziertheit dieser Aufgabe. Und doch! Um wieviel leichter ist sie als die Aufgaben, die das Sowjetvolk und seine Kommunistische Partei in ihrer Übergangsperiode lösen mußten. Indem die Sowjetmenschen diese Aufgaben lösten, haben sie für alle Völker eine wertvolle Vorarbeit für deren sozialistischen Aufbau geleistet, auch für uns in der Deutschen Demokratischen Republik.

d) Schließlich ist auch die militärische Lage der sozialistischen Länder heute eine andere, als sie während der Übergangsperiode in der Sowjetunion war. Solange noch imperialistische Mächte bestehen, ist kein Land, besonders kein Land, das den Sozialismus aufbaut, vor einem militärischen Überfall sicher. Wie die Imperialisten 1918 und 1941 die Sowjetunion überfielen, so hängen sie auch heute noch ihrem Traume nach, den unvermeidlichen Gang der Geschichte mit militärischen Mitteln aufzuhalten und rückgängig zu machen. Die Ende Februar 1955 erfolgte Ratifizierung der Pariser Kriegsverträge im Bonner Bundestag zeigt, welche ernsten Gefahren von seiten des imperialistischen Lagers drohen. Solange die Welt noch in zwei Lager gespalten ist, gehört die Sorge um den Schutz der sozialistischen Errungenschaften zu den besonderen Aufgaben der Übergangsperiode vom Kapitalismus zum Sozialismus. Volkskammer und Regierung der Deutschen Demokratischen Republik haben vor aller Welt bekundet, daß sie sich dieser Aufgabe voll bewußt sind und alles Erforderliche tun werden, um die Errungenschaften unseres friedlichen Aufbaus zu schützen.

Aber auch in dieser Beziehung ist die Lage heute eine ganz andere, als sie zur Zeit der Übergangsperiode in der UdSSR war. Damals stand die Sowjetunion als einziges Land der ganzen kapitalistischen Welt gegenüber. Als eine Reihe europäischer Länder, darunter Frankreich, dem faschistischen Überfall erlegen waren und England um seine Existenz zitterte, hat die Sowjetunion als einzige der starken Kriegsmacht Hitlers standgehalten und sie schließlich zertrümmert. Heute ist das Lager des Friedens, der Demokratie und des Sozialismus fest entschlossen, einen

Angriff der Imperialisten einmütig abzuwehren. Die Macht der Sowjetunion, der führenden Kraft dieses Lagers, ist heute bedeutend größer als zu der Zeit, da Hitler seinen wahnwitzigen Überfall unternahm, und sie wird vermehrt durch die Kraft aller Länder des Friedenslagers, unter denen sich eine solche Macht wie das 600-Millionen-Volk der Volksrepublik China befindet. Wenn die Imperialisten heute so hysterisches Geschrei über ihre Atom-, Wasserstoff- oder Kobaltbomben erheben, so erinnert uns das allzusehr an das Geschrei von Goebbels in der letzten Kriegsphase über die angeblichen Wunderwaffen, die den Endsieg bringen sollten. Gewiß sind die modernen Waffen furchtbare Massenvernichtungsmittel, mit deren Anwendung nur Verbrecher drohen können. Aber die Kriegshetzer sollten nicht vergessen, daß diese Waffen für die amerikanischen Städte und die britischen Inseln genauso furchtbar sind wie für jeden beliebigen anderen Fleck der Erde!

Als Marxisten-Leninisten wissen wir jedoch, daß Kriege nicht durch irgendwelche Wunderwaffen entschieden werden, sondern durch die Menschen und durch die gesellschaftlichen Zustände, in denen die Menschen leben. Wer die Geschichte des 20. Jahrhunderts zu deuten versteht, der weiß, daß die geschichtliche Entwicklung unaufhaltsam dem Sieg des Sozialismus entgegengeht, nicht — wie sich das die Spießer seit einem Jahrhundert vorstellen — weil Ausländer und Fremde den Geist der Rebellion säen, sondern weil die inneren Widersprüche des Kapitalismus selbst dazu treiben. Der Übergang vom Kapitalismus zum Sozialismus ist das unabwendbare Resultat der kapitalistischen Entwicklung selbst, und kein Krieg kann diesen Übergang aufhalten, er kann ihn nur schwerer, blutig und opferreich gestalten. Darum besteht unsere Politik darin, entsprechend der Größe der Gefahr die Kräfte zum Schutze unserer Errungenschaften mobil zu machen und zugleich alles zu tun, um einen Krieg zu verhindern, ein friedliches Nebeneinanderbestehen der Länder mit verschiedenen Gesellschaftsordnungen anzustreben, damit wir unsere Kräfte auf die friedliche Arbeit zur Errichtung der Grundlagen des Sozialismus konzentrieren können.

Aus den dargelegten Unterschieden zwischen der Übergangsperiode in der Sowjetunion und den anderen Ländern ergibt sich, daß dank der vom Sowjetvolk geleisteten Arbeit es in allen anderen Ländern leichter ist, als es in der Sowjetunion war, die Aufgaben der Übergangsperiode vom Kapitalismus zum Sozialismus zu erfüllen.

## II. Die Besonderheiten und die Etappen der Übergangsperiode in der Deutschen Demokratischen Republik

Neben diesen allgemeinen Besonderheiten, die in der zweiten Etappe der allgemeinen Krise für alle Länder gelten, die während dieser Zeit in die Übergangsperiode eintreten, weist jedes einzelne Land noch seine nationalen Besonderheiten auf, die ihren Einfluß auf die konkreten Maßnahmen in der Übergangsperiode vom Kapitalismus zum Sozialismus ausüben. Untersuchen wir diese Besonderheiten in der Deutschen Demokratischen Republik.

Die wichtigste, alle Maßnahmen in unserer Republik beeinflussende Besonderheit besteht darin, daß Deutschland von den Imperialisten in zwei Teile gespalten wurde, wodurch eine ernsthafte Bedrohung für die Einheit der deutschen Nation erwachsen ist. Der Kampf um die demokratische Wiedervereinigung Deutschlands ist infolge dieser Spaltung zur zentralen Frage geworden, mit der alle anderen Fragen in Einklang gebracht werden müssen.

Vom Standpunkt der historischen Gesetzmäßigkeit ist es in ganz Deutschland längst zur unaufschiebbaren Notwendigkeit geworden, den Widerspruch zwischen den kapitalistischen Produktionsverhältnissen und dem Charakter der Produktivkräfte aufzuheben. Die Fessel des Monopolkapitals erwies sich nicht nur als ein Hemmnis für die freie Entfaltung der Produktivkräfte, sondern sie schuf zugleich tödliche Gefahren für die ganze deutsche Nation, indem das Monopolkapital das deutsche Volk zweimal in verheerende aussichtslose Weltkriege stürzte und den Faschismus hervorbrachte. Bereits 1918 war von der Geschichte die Aufgabe gestellt worden, die Produktionsverhältnisse mit dem Charakter der Produktivkräfte in Übereinstimmung zu bringen. Weil diese Aufgabe damals nicht gelöst werden konnte, darum nahm die Entwicklung in Deutschland den verhängnisvollen Lauf, der zum Faschismus und zum zweiten Weltkrieg führte. 1945 stand die gleiche Frage wieder mit noch größerer Dringlichkeit auf der Tagesordnung. Davon zeugen die Abmachungen der Siegermächte im Potsdamer Abkommen, die sich das Ziel der „Vernichtung der bestehenden übermäßigen Konzentration der Wirtschaftskraft, dargestellt besonders durch Kartelle, Syndikate, Trusts und andere Monopolvereinigungen" stellten. Dieses Ziel wurde auch von den breiten Volksmassen in ganz Deutschland damals angestrebt, was unter anderem durch die Volksabstimmung in Hessen für die Vergesellschaftung der Schlüsselindustrien bestätigt wurde. Aber die westlichen Siegermächte, besonders die USA, die das Potsdamer

Abkommen feierlich unterzeichnet hatten, wollten in der Tat nicht die Beseitigung des deutschen Monopolkapitals, sondern sie wollten seine Erhaltung, um es für ihre eigenen imperialistischen Ziele einspannen zu können. Darum sabotierten sie in West- und Süddeutschland die Verwirklichung der Potsdamer Beschlüsse, mißachteten den demokratisch geäußerten Willen des Volkes und stellten die Macht des deutschen Monopolkapitals wieder her. Dafür nur ein paar Beispiele: Die „entflochtenen“ Montankonzerne, die 1945 ein Aktienkapital von 964 Millionen Mark hatten, haben heute 2 767 Millionen Mark Aktienkapital. Der IG. Farbentrust hatte auf dem gesamtdeutschen Gebiet Aktienkapital und Rücklagen in Höhe von 1,94 Milliarden Mark. Nachdem er die Hälfte seiner Kapazität auf dem Gebiet der DDR verloren hat, verfügen seine wichtigsten Nachfolgegesellschaften heute über Aktienkapital und Rücklagen in Höhe von 1,85 Milliarden Mark. In der Automobilindustrie ist der Anteil der beiden größten Trusts, Volkswagenwerke und Opelwerke, an der Erzeugung von Personenkraftwagen von 56,5 Prozent 1952, auf 65,7 Prozent 1954 angewachsen. Die Bilanzsumme der drei Großbanken, Deutsche Bank, Dresdner Bank und Commerzbank, die 1938 rund 8 Milliarden Mark betrug, ist bei ihren Nachfolgebanken auf dem bedeutend kleineren Gebiet Westdeutschlands auf mehr als 13 Milliarden Mark gestiegen, ihre Kredite haben sich von 3,3 auf 5,8 Milliarden Mark erhöht.

So ist es geschehen, daß nur in einem Teile Deutschlands, der heutigen Deutschen Demokratischen Republik, die Lösung der großen historischen Aufgabe in Angriff genommen und begonnen werden konnte, den Widerspruch zwischen den kapitalistischen Produktionsverhältnissen und dem Charakter der Produktivkräfte zu lösen.

Aber auch hierbei traten historische Besonderheiten in Erscheinung. Die faschistische Staatsmacht wurde in Deutschland nicht durch die revolutionäre Aktion der Arbeiterklasse zerschlagen, sondern sie wurde von der siegreichen Sowjetarmee zerstört. Der Widerstand der deutschen Arbeiterklasse und aller Antifaschisten war zu schwach, um mit dieser Aufgabe fertig zu werden. Dabei ist zu berücksichtigen, daß in Deutschland im Gegensatz zu den Volksrepubliken im Widerstandskampf gegen den Faschismus das Element der nationalen Befreiung fehlte, das dem antifaschistischen Kampf in den anderen vom Faschismus unterdrückten Ländern einen mächtigen Auftrieb gab. In Deutschland wurde durch die Sowjetarmee eine imperialistische Macht zerstört, die unter dem Nebel der giftigen Ideologie von der arischen Herrenrasse andere Völker grausam unterdrückt und ausgebeutet hatte.

Mit der Befreiung durch die Sowjetarmee erhielten die deutschen demokratischen Kräfte die Möglichkeit der freien Entfaltung. Sie begannen entsprechend dem Potsdamer Abkommen neue demokratische Verwaltungsorgane aufzubauen. Die Arbeiterklasse, die die führende Kraft im antifaschistischen Widerstandskampf gewesen war, übernahm eindeutig die Führung im Neuaufbau.

Gemäß dem Potsdamer Abkommen wurden in diesem Teile Deutschlands mit freundschaftlicher Unterstützung der sowjetischen Besatzungsmacht bedeutungsvolle demokratische Veränderungen durchgeführt. Durch die Bodenreform wurde die ostelbische Junkerschaft, die reaktionärste Klasse Deutschlands, entmachtet. Das Land erhielten Bauern, Landarbeiter und Umsiedler. Durch die Enteignung der Kriegsverbrecher wurden die kapitalistischen Monopole vernichtet, wie es das Potsdamer Abkommen vorschrieb. Ihre Betriebe wurden in Volkseigentum übergeführt, und damit wurde die Lösung des Widerspruchs zwischen den Produktionsverhältnissen und dem Charakter der Produktivkräfte begonnen. Auf kulturellem Gebiete wurde das jahrtausendalte Bildungsmonopol des Besitzes gebrochen und einer demokratischen Entwicklung der deutschen Kultur der Weg frei gemacht.

Die neue Staatsmacht, die in der Deutschen Demokratischen Republik heranwuchs, ist also nicht das Resultat einer volksdemokratischen Revolution der Arbeiterklasse und ihrer Verbündeten. Sie entstand nach der Zerschlagung des imperialistischen Staatsapparates. Jedoch gelang es der Arbeiterklasse, durch die Verwirklichung ihrer Einheit die führende Rolle zu verstärken, das Bündnis mit den werktätigen Bauern zu festigen und alle demokratischen Kräfte um sich zu vereinigen. Damit hat die Arbeiterklasse in der Deutschen Demokratischen Republik die volksdemokratischen Grundlagen für die Arbeiter-und-Bauernmacht geschaffen. Die Voraussetzung für den Beginn der Übergangsperiode vom Kapitalismus zum Sozialismus war damit gegeben. In dieser Arbeit sammelte die Arbeiterklasse der DDR zugleich reiche Erfahrungen in der Führung der Gesellschaft und der Volkswirtschaft, die für die Lösung der Aufgaben der Übergangsperiode unerläßlich sind.

Von der neugeschaffenen Staatsmacht wurden in der Deutschen Demokratischen Republik unter aktiver Teilnahme der breiten Massen also revolutionäre Umwälzungen durchgeführt, in deren

Ergebnis neue ökonomische Bedingungen geschaffen wurden, die der Entwicklung in den Volksrepubliken entsprechen.

Bei diesen revolutionären Umwälzungen standen in der ersten Phase der Nachkriegsentwicklung die Aufgaben der bürgerlich-demokratischen Revolution im Vordergrund: die Bodenreform als antifeudale Revolution, die Konstituierung einer demokratischen Staatsmacht als antinazistische, antiimperialistische Revolution. In der zweiten Phase der Nachkriegsentwicklung wuchs die bürgerlich-demokratische in die sozialistische Revolution hinein: Die Organe der antifaschistisch-demokratischen Ordnung wuchsen zur Arbeiter-und-Bauernmacht heran. Es wäre jedoch falsch, diese beiden Phasen in der DDR scharf voneinander zu trennen, sie fließen ineinander über. So wurden bereits in der ersten Phase Aufgaben der sozialistischen Revolution gelöst. Im überwiegenden Teil der Industrie wurde unter Ausnutzung des Gesetzes der unbedingten Übereinstimmung der Produktionsverhältnisse mit dem Charakter der Produktivkräfte gesellschaftliches Eigentum geschaffen, das 1950 schon 73,1 Prozent der industriellen Bruttoproduktion umfaßte. Mit der Schaffung des gesellschaftlichen Eigentums (Volkseigentum) an den Produktionsmitteln wurde in der DDR die Übergangsperiode vom Kapitalismus zum Sozialismus eingeleitet. Das ökonomische Grundgesetz des Sozialismus begann das Ziel der Produktion zu bestimmen. Andererseits dürfen wir auch nicht vergessen, daß die Nationalisierung des Bodens als eine Aufgabe der bürgerlich-demokratischen Revolution nicht durchgeführt wurde.

Aus der Tatsache der Spaltung Deutschlands ergibt sich für die DDR eine relativ längere Übergangsperiode als in den Volksrepubliken, ein längeres Nebeneinanderbestehen der verschiedenen Wirtschaftsformen. Denn die gesamte ökonomische Politik muß in der DDR stets unter Berücksichtigung ihrer Bedeutung für die ganze Nation durchgeführt werden. WALTER ULBRICHT sagte auf dem 21. Plenum des ZK der Sozialistischen Einheitspartei Deutschlands:

> „Wir befinden uns in der Übergangsperiode vom Kapitalismus zum Sozialismus. Dabei müssen wir davon ausgehen, daß unsere Politik immer mit der Strategie und Taktik des Kampfes um die Wiederherstellung der Einheit eines demokratischen Deutschlands in Übereinstimmung sein muß und daß bei uns durch die Spaltung unseres Vaterlandes besondere politische und ökonomische Schwierigkeiten entstanden sind.....

Die Übergangsperiode wird durch das Nebeneinanderbestehen verschiedener Eigentumsformen an den Produktionsmitteln charakterisiert. Neben einem starken sozialistischen Sektor in der Industrie, im Verkehr, im Handel und in der Landwirtschaft gibt es zahlreiche individuelle Wirtschaften von Bauern und Handwerkern, die einfache Warenproduzenten sind. Außerdem gibt es eine Schicht mittlerer kapitalistischer Betriebe. Die Partei geht in ihrer ökonomischen Politik davon aus, daß diese Sektoren auf lange Zeit nebeneinander existieren."[1])

Die Grundaufgabe in der Übergangsperiode besteht auch in der Deutschen Demokratischen Republik darin, die Produktionsverhältnisse mit dem Charakter der Produktivkräfte in Einklang zu bringen, d. h., den sozialistischen Produktionsverhältnissen zum Siege zu verhelfen. Die Lösung dieser Aufgabe wird in der Perspektive die Wiederherstellung der Einheit auf demokratischer Grundlage außerordentlich fördern, denn sie zeigt der Bevölkerung Westdeutschlands, wie sie mit den Konflikten fertig werden kann, die heute die westdeutsche Wirtschaft kennzeichnen und die in Zukunft noch schärfer werden müssen. Das ist jedoch nur die eine Seite der Sache. Auf der anderen Seite erwachsen gerade aus der Tatsache der Spaltung Deutschlands die Hauptschwierigkeiten in der Durchführung der ökonomischen Maßnahmen der Übergangsperiode in der DDR.

Die ganze Kompliziertheit der Übergangsperiode in der Deutschen Demokratischen Republik ergibt sich aus der unterschiedlichen Entwicklung der beiden Teile Deutschlands in den vergangenen zehn Jahren. Während in der DDR begonnen wurde, den historischen Widerspruch zu lösen und eine neue Gesellschaftsordnung aufzubauen, ist in Westdeutschland unter Verletzung des Potsdamer Abkommens der deutsche Imperialismus mit all seinen reaktionären und aggressiven Charakterzügen wieder errichtet worden. Die Hilfe, die ihm dabei die amerikanischen Monopole gewährten, sowie das Besatzungsregime brachten den deutschen Imperialismus in Abhängigkeit vom USA-Imperialismus, wodurch die Werktätigen Westdeutschlands der doppelten Ausbeutung unterworfen sind. Das ökonomische Grundgesetz des monopolistischen Kapitalismus wirkt sich in Westdeutschland mit ganzer Wucht gegen alle arbeitenden Schichten aus.

---

[1]) Walter Ulbricht, „Fragen der politischen Ökonomie in der Deutschen Demokratischen Republik", Dietz Verlag, Berlin 1954, S. 3 u. 4.

Von der Lage der Arbeiterklasse in Westdeutschland zeugt am klarsten die Tatsache, daß im vergangenen Jahre wichtige Arbeiterkategorien, wie die Metallarbeiter, die Textilarbeiter, die Kommunalarbeiter u. a., große Lohnkämpfe durchführten, um der zunehmenden Verschlechterung ihrer Lage entgegenzuwirken. Obwohl die Arbeiter durch diese Kämpfe einige Lohnerhöhungen erlangt haben, hat sich ihre Lage nicht verbessert, da diese Lohnerhöhungen längst durch die Steigerung der Lebenshaltungskosten überholt sind. Wie der „Industriekurier" am 3. Februar 1955 meldete, hat ein westdeutsches Institut für Verbrauchsforschung eine Befragung unter 372 Arbeitern über die Ergebnisse der Lohnerhöhungen seit 1. Januar 1953 durchgeführt. Die Frage, ob durch die Lohnerhöhungen eine Erhöhung der Kaufkraft eingetreten sei, wurde von 43 Prozent bejaht, von 39 Prozent eindeutig verneint, und 18 Prozent hatten keine eigene Meinung, d. h., über die Hälfte der Arbeiter haben von einer Verbesserung ihrer Lage trotz errungener Lohnerhöhungen nichts gespürt. Demgegenüber steht aber die auch im Jahre 1954 weitergetriebene Verschärfung der Ausbeutung der westdeutschen Arbeiter. Vom Januar bis Oktober 1954 ist gegenüber 1953 das Ergebnis pro Arbeitsstunde in der westdeutschen Industrie um durchschnittlich 3,2 Prozent gestiegen, in den Grundstoff- und Produktionsgüter-Industrien sogar um 7,6 Prozent.[1]) Im Jahre 1954 wurden in Westdeutschland 1,2 Millionen Arbeitslose amtlich registriert. Besonders hell wird die Lage der westdeutschen Werktätigen durch die zunehmende Verschuldung beleuchtet. Wie „Die Welt", Hamburg, am 22. Dezember 1954 mitteilte, haben in den letzten Jahren vier von fünf Kunden, also 80 Prozent, auf Teilzahlung gekauft, und vier von zehn Haushaltungen hatten Anschreibeschulden bei ihrem Lebensmittelkaufmann.

Von der zunehmenden Verelendung der westdeutschen Bauernschaft zeugt am besten die Tatsache, daß die Verschuldung der westdeutschen Bauern von 2,4 Milliarden Mark im Jahre 1948 auf 6,5 Milliarden Mark im Jahre 1953 angestiegen ist.[2]) Nicht besser als den Bauern geht es in Westdeutschland den Handwerkern, Einzelhändlern und kleinen Unternehmern. Ein untrügliches Zeichen dafür ist die Tatsache, daß die Zahl der Wechselproteste und der Zahlungs- und Vollstreckungsbefehle in Westdeutschland von Jahr zu Jahr rapid zunimmt. Während im Jahre

---

[1]) Deutsches Wirtschaftsinstitut, Bericht Nr. 1, Januar 1955, S. 18.
[2]) „Neues Deutschland" vom 31. Juli 1954.

1950 im Monatsdurchschnitt 20664 Wechsel mit einer Summe von 14,6 Millionen Mark zu Protest gingen, waren es 1952 29243 Wechsel mit 16,9 Millionen Mark und 1954 (Januar bis Oktober) 45725 Wechsel mit 26,0 Millionen Mark.[1]) Die Zahl der Zahlungs- und Vollstreckungsbefehle des Amtsgerichts für die Stadtkreise Essen, Mülheim und Oberhausen betrug[2]):

| | Zahlungsbefehle | Vollstreckungsbefehle |
|---|---|---|
| 1. Halbjahr 1951 | 37 255 | 22 846 |
| 1. Halbjahr 1952 | 42 371 | 29 630 |
| 1. Halbjahr 1954 | 50 273 | 35 043 |

Ein besonders trauriges Kapitel der Bonner Wirtschaftspolitik ist die elende Lage der Intellektuellen in Westdeutschland. Dazu nur ein paar Beispiele, die für die gesamte Lage sprechen. Etwa zwei Drittel der Hochschullehrer Westdeutschlands beziehen als Dozenten und Assistenten ein Monatsgehalt von 200 bis 500 Mark. Viele Hochschullehrer sind gezwungen, sich eine Nebenbeschäftigung zu suchen. Die Juristen, die ein Anfangsgehalt von 480 Mark beziehen, wurden von der „Frankfurter Allgemeinen Zeitung" als „Hungerpastoren des Rechtes" bezeichnet. Besonders schlecht ist die Lage der Ärzte in Westdeutschland. Von den 27 000 angestellten Ärzten sind rund 17 000 als Assistenzärzte tätig. Von diesen werden nur 7000 nach Tarif besoldet, 8000 unter Tarif bezahlt, und 2000 müssen ohne Entgelt arbeiten und erhalten im günstigsten Falle in den Krankenhäusern Verpflegung und ein Taschengeld von 30 bis 50 Mark. Geradezu trostlos ist die Lage der freischaffenden Schriftsteller und Künstler in Westdeutschland. Eine im vorigen Jahre in Niedersachsen angestellte Erhebung ergab, daß die Mehrzahl der Schriftsteller, Komponisten und bildenden Künstler auf das Einkommen ihrer Familienangehörigen angewiesen ist. Von rund 1000 in München lebenden freischaffenden Malern und Bildhauern können weniger als 50 ein halbwegs regelmäßiges Einkommen aus Verträgen aufweisen, die anderen leben von der Wohlfahrt. Das berichtet die „Badische Zeitung", Freiburg, am 2. August 1954.

Der sich verschlechternden Lage aller arbeitenden Schichten in Westdeutschland steht der wachsende Wohlstand der Werktätigen in der Deutschen Demokratischen Republik gegenüber. Der durch-

[1]) Statistisches Bundesamt Wiesbaden, Wirtschaft und Statistik, Statistische Monatszahlen.

[2]) „Essener Tageblatt" vom 5. August 1954.

schnittliche Monatsverdienst eines Arbeiters in der volkseigenen Industrie betrug:

| | |
|---|---|
| 1950 | 261 DM |
| 1951 | 295 DM |
| 1952 | 312 DM |
| 1953 | 339 DM |
| 1954 (I. Halbjahr) | 357 DM |

Im Jahre 1954 haben sich die Durchschnittslöhne um 9,2 Prozent erhöht. Die Reineinnahmen der bäuerlichen Betriebe stiegen von 1950 bis 1953 um das 3,2fache. Es ist allgemein bekannt, wie in unserer Republik die Lebenslage der Intellektuellen verbessert wurde. Es gibt bei uns keine Hochschullehrer, Ärzte, Schriftsteller, Künstler usw., die durch materielle Not gezwungen wären, andere Beschäftigung zu suchen. Diese Lage berechtigt uns zu der Feststellung, daß die Überlegenheit der neuen Ordnung in der DDR, in der das ökonomische Grundgesetz des Sozialismus bereits zu wirken begonnen hat, gegenüber der alten imperialistischen Ordnung in Westdeutschland bereits klar in Erscheinung tritt.

In Westdeutschland wurde mit ausländischer Hilfe der deutsche Imperialismus wiedererrichtet. Er zeigt schon heute mit aller Offenheit, daß er seine alte imperialistische Raublust bewahrt hat. Aber es ist offenkundig, daß dieser wiedererrichtete deutsche Imperialismus schwächer ist, als es der alte deutsche Imperialismus war, und seine alte Stärke auch nicht wiedererlangen kann. Denn er hat nicht mehr ganz Deutschland in seinen Händen, er ist von seinem größeren Konkurrenten, dem amerikanischen Imperialismus, abhängig, und er krankt in fortgeschrittenem Stadium an den gleichen inneren Widersprüchen, mit denen schon der alte deutsche Imperialismus nicht fertigwerden konnte. Demgegenüber ist aber in dem anderen Teile Deutschlands, in der Deutschen Demokratischen Republik, eine neue Ordnung entstanden. Hier entwickelt sich eine neue, fortschrittliche Produktionsweise, die in immer größerem Maße zur Anziehungskraft für die fortschrittlichen Kräfte in Westdeutschland wird. Darin besteht die große nationale Bedeutung der politischen, wirtschaftlichen und kulturellen Erfolge unserer Republik.

Die Machthaber in Westdeutschland versuchen den Massen einzureden, die geminderte Kraft des neuerrichteten deutschen Imperialismus werde durch die Bindung Westdeutschlands an den USA-Imperialismus aufgewogen. Aber es ist offenkundig, daß in Wirklichkeit das Gegenteil der Fall ist. Denn die Bindung an den USA-Imperialismus unterwirft die westdeutsche Wirtschaft allen Gebrechen des mit Krisen und Katastrophen behafteten amerikanischen Monopolkapitalismus. Das vergangene Jahr 1954 war für die Vereinigten Staaten von Amerika ganz offenkundig ein krisenhaftes Jahr. Die Stahlproduktion ging gegenüber 1953 um 21,1 Millionen Tonnen zurück. Die Erzeugung von Personenkraftwagen schrumpfte um 10,2 Prozent, die von Lastkraftwagen um 15,3 Prozent gegenüber dem Vorjahr ein, der Index der Industrieproduktion sank um 6,7 Prozent — um nur einige Zahlen zu nennen.[1]) Man braucht keine Prophetengabe zu besitzen, um vorauszusagen, daß diese Krisenerscheinungen ihre Auswirkungen auch auf Westdeutschland haben werden und daß die amerikanischen Monopole, wenn die Krise sich verschärft, nicht einen Augenblick zögern werden, die Last dieser Krise auf ihre Vasallen, besonders auf Westdeutschland, abzuwälzen. Schon heute erkennen einsichtsvolle Wirtschaftskreise in Westdeutschland, daß die amerikanische Bevormundung den westdeutschen Handel erwürgt, daß sie ihn von seinen wichtigsten Absatzmärkten im Osten abschnürt und daß die sogenannte amerikanische Hilfe bereits heute Westdeutschland mit einer Schuldenlast bepackt hat, die Generationen der westdeutschen Bevölkerung zu Schuldknechten der USA-Monopole machen soll.

Demgegenüber ist in der Deutschen Demokratischen Republik der verhängnisvolle Kreislauf Krise—Krieg—Krise überwunden worden, der Außenhandel der DDR blüht, und das Volk genießt ohne jede Verschuldung die Früchte seiner Arbeit.

Diese grundlegende Verschiedenheit der Entwicklung in den beiden Teilen Deutschlands erhöht die Bedeutung aller, besonders der wirtschaftlichen Maßnahmen in der DDR für den nationalen Kampf des deutschen Volkes.

Neben dieser wichtigsten Besonderheit der Übergangsperiode in der Deutschen Demokratischen Republik, der Spaltung Deutschlands, müssen noch einige andere nationale Besonderheiten hervorgehoben werden, die sich aus der historischen Entwicklung Deutschlands ergeben.

Deutschland war schon lange vor Beginn der Übergangsperiode ein hochindustrialisiertes Land. Bereits am Anfang des 20. Jahrhunderts nahm Deutschland in der industriellen Weltproduktion hinter den USA den zweiten Platz ein. 1925 betrug der Anteil der städtischen Bevölkerung im Deutschen Reich 64,4 Prozent, der Anteil der ländlichen Bevölkerung dagegen nur 35,6 Prozent der Gesamtbevölkerung. Die deutsche Industrie war technisch hoch-

[1]) „Prawda" vom 2. März 1955.

entwickelt und stark konzentriert, der entwickelte Maschinenbau hatte eine führende Rolle. Nach der Betriebszählung von 1925 waren etwa 40 Prozent aller in der Industrie Beschäftigten in der Grundstoff- und Produktionsmittelindustrie tätig, dazu 12 Prozent im Baugewerbe. Allein der Maschinen-, Apparate- und Fahrzeugbau beschäftigte rund 10 Prozent aller in der Industrie Tätigen.

Infolge dieser Besonderheit steht in der Deutschen Demokratischen Republik in der Übergangsperiode nicht wie in anderen Ländern die charakteristische Aufgabe der Industrialisierung, der Verwandlung aus einem Agrarland in ein Industrieland. Wohl aber steht die Aufgabe der sozialistischen Umwandlung der Industrie. Diese Aufgabe ist zu einem bedeutenden Teil durch die Schaffung des Volkseigentums in der Industrie — den VEB — gelöst worden, und sie wird weiter gelöst durch das rasche quantitative und qualitative Wachstum unserer sozialistischen Industrie. Ferner haben wir die Aufgabe, die vom Kapitalismus hinterlassenen und durch die Spaltung Deutschlands neugeschaffenen Disproportionen zu überwinden. Auch die Lösung dieser Aufgabe wurde bereits begonnen, indem durch den Bau neuer und die Erweiterung alter Hüttenwerke die schwache Metallbasis unserer sozialistischen Industrie beträchtlich erweitert wurde. Gegenwärtig machen unsere werktätigen Menschen große Anstrengungen, um die ungenügende Entwicklung der Kohlen- und Energieerzeugung und gewisser Zweige der chemischen Industrie zu überwinden.

Der Sozialismus ist nicht möglich ohne maschinelle Großindustrie, d. h., ohne Schwerindustrie, besonders Maschinenbau. Wo diese nicht vorhanden sind, wie es in der UdSSR war und in den meisten Volksrepubliken der Fall ist, müssen sie in der Übergangsperiode geschaffen werden. Dadurch, daß wir in der DDR eine hochentwickelte Schwerindustrie einschließlich Maschinenbau übernehmen konnten, sind uns die Aufgaben der Übergangsperiode wesentlich erleichtert worden. Allerdings müssen hier zwei Einschränkungen gemacht werden. Unsere großen und mittleren Industriebetriebe waren durch die Kriegseinwirkungen, besonders durch die amerikanischen und englischen Bombardierungen, furchtbar zerstört worden. Wir mußten 1945 beinahe alles aus den Trümmern ausgraben. Wenn es uns dennoch gelang, bereits im Jahre 1950 den Vorkriegsstand der industriellen Produktion zu überschreiten, so danken wir dies vor allem dem grenzenlosen Arbeitseifer unserer Arbeiter, Techniker und Ingenieure und der selbstlosen Hilfe unserer sowjetischen Freunde.

Ferner sind durch die Spaltung Deutschlands einige schwerwiegende Disproportionen entstanden, die wir infolge der Behinderung des innerdeutschen Handels durch die Entwicklung bestimmter Industriezweige überwinden müssen.

Die entscheidende Kraft, die uns nach der Zerschlagung des Hitlerfaschismus geblieben war, das war die Arbeiterklasse. Die hohe kapitalistische Industrieentwicklung in Deutschland hatte auch ein sehr zahlreiches industrielles Proletariat hervorgebracht, das über hohe fachliche Kenntnisse verfügte. Die Arbeit des deutschen Arbeiters hatte seit vielen Jahrzehnten in der ganzen Welt einen guten Ruf. Die deutsche Arbeiterklasse hat auch eine ruhmreiche revolutionäre Geschichte hinter sich. Ihre besten Kräfte, die 1946 die Vereinigung der beiden Arbeiterparteien herbeiführten, hatten sich im Kampfe gegen die faschistische Diktatur gestählt. Das Vorhandensein einer solchen Arbeiterklasse stellt für uns in der Deutschen Demokratischen Republik ebenfalls eine große Erleichterung für die Lösung der Aufgaben der Übergangsperiode dar. In der Deutschen Demokratischen Republik hat die für andere Länder so bedeutungsvolle Aufgabe der zahlenmäßigen Verstärkung der Arbeiterklasse nicht die gleiche Bedeutung. Im gegenwärtigen Moment steht sogar die andere Aufgabe im Vordergrund, fortschrittliche Arbeiter an die Landwirtschaft abzugeben, um deren Zurückgebliebenheit zu überwinden.

Es darf jedoch auch der Umstand nicht unterschätzt werden, daß die Arbeiterklasse in Deutschland stärker und längere Zeit als in anderen Ländern von reformistischer, chauvinistischer und faschistischer Ideologie beeinflußt worden ist. Daher war und ist die ideologische Umerziehung breiter Arbeiterschichten in der DDR eine der wichtigsten Aufgaben in der Übergangsperiode. Diese Aufgabe erlangt noch größere Bedeutung durch die strukturellen Veränderungen, die sich in der Arbeiterklasse in und nach dem zweiten Weltkrieg vollzogen haben. Zahlreiche Kleinbürger, denen der Krieg die Existenz raubte, viele Angestellte des faschistischen Staates, die nach 1945 keine Existenzgrundlage mehr hatten, fanden in den Industriebetrieben Unterschlupf, ohne natürlich auch nur im geringsten ihre Ideologie zu ändern. Die Entwicklung des neuen sozialistischen Bewußtseins, die eine der wesentlichen Aufgaben der Übergangsperiode vom Kapitalismus zum Sozialismus ist, kann nur im beharrlichen Kampf gegen die vorhandenen kapitalistischen Anschauungen geschehen.

Wenden wir uns einer anderen Besonderheit Deutschlands zu. Obwohl die Landwirtschaft in Deutschland ebenso wie in anderen kapitalistischen Ländern weit hinter der Industrie zurückgeblieben war, wies sie doch gegenüber anderen Ländern einen relativ hohen Entwicklungsstand auf. Die Anwendung von Maschinen, Elektrizität und Kunstdünger war in Deutschland ziemlich weit verbreitet. Daher lagen auch die Hektarerträge in Deutschland wesentlich höher als in den meisten anderen großen kapitalistischen Ländern. So betrugen z. B. die Hektarerträge im Jahre 1927 in Doppelzentnern:

| | Weizen | Roggen |
|---|---|---|
| Deutschland | 18,8 | 14,5 |
| Frankreich | 14,2 | 11,5 |
| Italien | 10,8 | 12,1 |
| USA | 10,0 | 10,0 |

Besonders entwickelt war schon vor dem Kriege in Deutschland die Viehzucht, die etwa zwei Drittel der landwirtschaftlichen Produktion ausmachte. Die Erträge der Viehzucht lagen ebenfalls höher als in den anderen großen kapitalistischen Ländern.

Die deutsche Landwirtschaft hat einen langen und qualvollen „preußischen" Weg der Entwicklung hinter sich. Dieser Weg war, wie LENIN hervorhebt, „dadurch gekennzeichnet, daß die mittelalterlichen Grundbesitzverhältnisse nicht mit einem Schlage liquidiert werden, sondern daß sie sich dem Kapitalismus langsam anpassen, dem infolgedessen noch lange Zeit hindurch halbfeudale Züge anhaften."[1]) Das wichtigste Ergebnis dieses „preußischen Weges" war die Erhaltung der preußischen Junkerkaste, die einen beträchtlichen Teil der Landbevölkerung bis in die letzte Zeit in halbfeudaler Botmäßigkeit hielt. Dieser Überrest des Feudalismus wurde erst durch die Bodenreform 1945 hinweggeräumt.

Innerhalb der Bauernschaft gab es in Deutschland eine sehr große Klassendifferenzierung. Im Jahre 1939 besaßen 34000 Gutsbesitzer, die ½ Prozent aller Betriebe ausmachten, fast 40 Prozent des gesamten Bodens. Dagegen besaßen mehr als 5 Millionen Zwerg- und Kleinbauern noch nicht einmal 10 Prozent des Bodens. Obwohl die Zwerg- und Kleinbauern nur durch ungeheure Entbehrungen und größte Anstrengungen ihre Wirtschaft aufrechterhalten konnten, obwohl sie häufig nur durch ständige Arbeit in der Industrie ihren dürftigen Unterhalt erwerben konnten, hängen sie doch außerordentlich zäh an ihrem Boden, der meist seit Generationen im Besitz der Familie ist. In noch größerem

[1]) W. I. LENIN, Werke, Bd. XV, S. 117 (russ.).

Maße trifft das für die Mittelbauern zu. Der „eingefleischte Eigentumssinn", von dem FRIEDRICH ENGELS sprach, ist bei den deutschen Bauern besonders stark entwickelt. Dies bedeutet natürlich eine Erschwerung für die große Aufgabe der Übergangsperiode, für die sozialistische Umgestaltung der Landwirtschaft.

Die demokratische Bodenreform, die im Jahre 1945 durchgeführt wurde, verzichtete auf die Nationalisierung des Bodens. Sie enteignete entschädigungslos den Boden der Kriegsverbrecher und Naziführer sowie den privaten Bodenbesitz über 100 ha und überführte ihn in einen staatlichen Bodenfonds. Auf einem geringen Teil dieses Landes wurden volkseigene Güter geschaffen, wodurch ein gesellschaftlicher Sektor in der Landwirtschaft entstand. Der weitaus größte Teil des Bodens wurde jedoch an landarme Bauern, Landarbeiter und Umsiedler als Privateigentum gegeben. Damit wurde die Zahl der Klein- und Mittelbauern beträchtlich vermehrt und im Dorf eine feste Grundlage für die Demokratie geschaffen. Das Bündnis der Arbeiterklasse mit der Bauernschaft erhielt eine neue Basis und wurde bedeutend gefestigt. Bei der Bodenverteilung an Umsiedler ließ es sich nicht vermeiden, daß auch ehemalige Großbauern Boden erhielten und damit Klein- und Mittelbauern wurden, ohne daß natürlich eine entsprechende Änderung ihrer Ideologie eintrat.

Die hohe industrielle Entwicklung wie auch der relativ hohe Entwicklungsstand der Landwirtschaft in Deutschland waren eine Erleichterung für die Aufgabe der Übergangsperiode, die bäuerlichen Kleinproduzenten durch genossenschaftlichen Zusammenschluß auf den sozialistischen Entwicklungsweg zu führen. Das Handelsbündnis zwischen Industrie und Landwirtschaft konnte rasch entwickelt und verhältnismäßig bald durch das Produktionsbündnis ergänzt werden. Andererseits erwachsen durch den eingefleischten Eigentumssinn der alteingesessenen deutschen Bauern der Lösung dieser Aufgabe ernsthafte Schwierigkeiten.

Entsprechend dem ganzen Entwicklungsgang der deutschen Wirtschaft waren in allen ihren Teilen, einschließlich der Landwirtschaft, die Warenbeziehungen sehr entwickelt, so daß Handel und Verkehr große Bedeutung hatten. Bereits im Jahre 1925 waren mehr als 10,5 Millionen Menschen in Handel und Verkehr tätig.

Auf eine andere Besonderheit der deutschen Wirtschaft weist uns die Struktur des Außenhandels hin. Schon seit mehr als 80 Jahren hat Deutschland einen wachsenden Einfuhrbedarf an Lebensmitteln, Futtermitteln und industriellen Rohstoffen, den es in ständig steigendem Maße durch die Ausfuhr von industriellen

Fertigwaren abdecken konnte. Im Jahre 1928 betrug die Einfuhr von Lebensmitteln und Getränken sowie von Rohstoffen und halbfertigen Waren 81,5 Prozent der gesamten Einfuhr, während die Ausfuhr von fertigen Waren 72,2 Prozent der gesamten Ausfuhr betrug. Dieses Verhältnis gilt in seinen Grundzügen auch noch für die Deutsche Demokratische Republik, obwohl durch die rasche Entwicklung unserer Landwirtschaft der Einfuhrbedarf an Lebensmitteln etwas eingeschränkt werden kann. Dank der engen Beziehungen zur Sowjetunion und zum ganzen demokratischen Weltmarkt war die Republik in der Lage, sowohl die nötigen Waren einzuführen als auch den Absatz für unsere Fertigwaren zu finden.

Wenn wir nun unter Berücksichtigung aller dieser Besonderheiten die bisherige Entwicklung der Übergangsperiode vom Kapitalismus zum Sozialismus in der Deutschen Demokratischen Republik überblicken, können wir im wesentlichen zwei Entwicklungsetappen unterscheiden, die wir allerdings nicht schematisch gegenüberstellen dürfen, weil sie ineinander übergehen.

Die erste Etappe geht bis zu den Jahren 1949/50. In ihr überwogen die Aufgaben der bürgerlich-demokratischen Revolution. Die Bodenreform und andere Veränderungen werden durchgeführt, die Staatsorgane der antifaschistisch-demokratischen Ordnung wachsen zu Organen der Arbeiter-und-Bauernmacht heran. Mit der Vernichtung des Imperialismus wird ein volkseigener Sektor in Industrie, Verkehr, Bank- und Versicherungswesen, Landwirtschaft und Handel geschaffen. Mit den Produktionsbefehlen für die wichtigsten Großbetriebe beginnt die Planung der Volkswirtschaft. Es entsteht das ökonomische Grundgesetz des Sozialismus und beginnt zu wirken.

Die zweite Etappe beginnt mit den Jahren 1949/50. Mit der Gründung der Deutschen Demokratischen Republik festigt sich die Arbeiter-und-Bauernmacht auf volksdemokratischer Grundlage. Die Erfüllung des Zweijahrplanes (1949—1950) verstärkt die Vorherrschaft des volkseigenen Sektors in der ganzen Volkswirtschaft. Sie ermöglicht zugleich den Übergang zur langfristigen Planung im Rahmen der gesamten Wirtschaft, die Ausarbeitung und Annahme des ersten Fünfjahrplanes. Die Erfolge bei der Erfüllung des Fünfjahrplanes schaffen die Möglichkeit, das Produktionsbündnis der sozialistischen Industrie mit der Landwirtschaft zu verstärken und auch in der Landwirtschaft den Weg der sozialistischen Entwicklung zu beschreiten (Bildung von landwirtschaftlichen Produktionsgenossenschaften). Des weiteren wird durch die Erfolge der industriellen und landwirtschaftlichen Entwicklung die Möglichkeit geschaffen, einen bedeutenden Schritt vorwärts in der materiellen Versorgung der werktätigen Massen zu machen (Einführung des Neuen Kurses). Das ökonomische Grundgesetz des Sozialismus dehnt in dieser zweiten Etappe seinen Wirkungsbereich beträchtlich aus und wird zum vorherrschenden Gesetz, das die Entwicklung der ganzen Volkswirtschaft der Deutschen Demokratischen Republik beeinflußt.

## III. Die Grundzüge der Übergangsperiode und das Wirken der ökonomischen Gesetze in der Deutschen Demokratischen Republik

Mit der Konstituierung und Festigung der Arbeiter-und-Bauernmacht ist in der Deutschen Demokratischen Republik die politische, mit der Bildung und Erweiterung der volkseigenen Wirtschaft die ökonomische Bedingung für den Übergang vom Kapitalismus zum Sozialismus gegeben. Die Aufgabe besteht darin, im Verlaufe der Übergangsperiode die alte, kapitalistische Basis zu beseitigen und eine neue, die sozialistische Basis zu schaffen. Dabei spielt der Überbau, der Arbeiter-und-Bauernstaat, die Partei der Arbeiterklasse, das neue Bewußtsein eine äußerst aktive Rolle. Der Arbeiter-und-Bauernstaat ist das entscheidende Instrument beim Aufbau des Sozialismus. Die Arbeiterklasse ist die führende Kraft in diesem Aufbau.

Die Voraussetzung für den Sieg der sozialistischen Basis ist die Schaffung der materiellen Produktionsgrundlage des Sozialismus. Diese materielle Produktionsgrundlage kann nur die sozialistische Großindustrie sein. Sozialismus bedeutet gesellschaftliche Produktion und gesellschaftliche Aneignung. Gesellschaftliche Produktion ist aber heute nur auf der Grundlage gesellschaftlicher Produktionsmittel möglich, das heißt der modernen maschinellen Großindustrie in allen Zweigen der Wirtschaft. Darum stehen alle Länder in der Übergangsperiode vor den Aufgaben, die sozialistische Großindustrie zu entwickeln, die kleine zersplitterte Landwirtschaft auf die Bahn der großindustriellen, kollektiven landwirtschaftlichen Produktion zu überführen und gleichzeitig damit die im Kapitalismus unvermeidliche Verelendung der werktätigen Massen zu beseitigen und die materielle und kulturelle Lage des Volkes ständig zu verbessern. Diese drei grundlegenden Aufgaben des sozialistischen Aufbaus stehen auch vor uns in der Deutschen Demokratischen Republik.

Wie ich bereits gezeigt habe, sind für die Lösung der ersten Aufgabe in Deutschland günstige Bedingungen vorhanden. Schwerindustrie und Maschinenbau müssen nicht erst neu geschaffen werden, ein beträchtlicher Stamm von technischen Kadern war vorhanden. Die erste Aufgabe bestand also darin, dieser Industrie sozialistischen Charakter zu geben. Dies wurde durch ihre Überführung in gesellschaftliches Eigentum begonnen. Die Entwicklung der sozialistischen Großindustrie wird fortgeführt durch die Errichtung neuer und die Erweiterung bestehender sozialistischer Betriebe, durch die ständige Verbesserung der sozialistischen Leitungsmethoden in der volkseigenen Industrie, durch die immer qualifiziertere Ausnutzung der ökonomischen Gesetze des Sozialismus. Die nächste Aufgabe besteht in der Überwindung der vorhandenen Disproportionen. Diese Arbeit wurde durch die beträchtliche Entwicklung unseres Hüttenwesens begonnen, und sie wird jetzt durch die beschleunigte Entwicklung der Kohle- und Energieerzeugung und einiger Zweige der chemischen Industrie fortgeführt.

Die hohe Entwicklung des Traktoren- und Landmaschinenbaus bietet auch günstige Bedingungen für die Entwicklung einer sozialistischen Großproduktion in der Landwirtschaft. Unsere Hauptaufgabe besteht auf diesem Gebiet jetzt darin, unter weiterer Förderung der sozialistischen Produktionsformen die allgemeine Zurückgebliebenheit der Landwirtschaft hinter der Industrie zu überwinden. Das erfordert, auch die in den einzelbäuerlichen Wirtschaften noch vorhandenen großen Reserven nutzbar zu machen.

In der Verbesserung der materiellen und kulturellen Lage der werktätigen Massen haben wir in der Deutschen Demokratischen Republik, insbesondere in den letzten Jahren, Erfolge errungen, die allen sichtbar sind. Die Meisterung und richtige Ausnutzung der ökonomischen Gesetze des Sozialismus schafft die Voraussetzungen dafür, auch auf diesem Gebiete weiter vorwärtszuschreiten.

Die rasche Entwicklung der gesellschaftlichen Produktivkräfte, die eine unerläßliche Bedingung für den Sieg des Sozialismus ist, wird besonders durch die neuen gesellschaftlichen Produktionsverhältnisse gefördert. Die im sozialistischen Sektor unserer Wirtschaft herbeigeführte Übereinstimmung der Produktionsverhältnisse mit dem Charakter der modernen Produktivkräfte hat die entscheidende Bedingung für die Entwicklung der materiellen Produktionsgrundlagen des Sozialismus geschaffen. Die neuen sozialistischen Produktionsverhältnisse sind die wichtigste Triebkraft für die Entfaltung der Produktivkräfte.

Die Produktionsverhältnisse in der Deutschen Demokratischen Republik tragen den Charakter der Übergangsperiode. Sie sind im gegenwärtigen Entwicklungsstadium durch das Vorhandensein von drei Eigentumsformen an den Produktionsmitteln und damit von drei Wirtschaftsformen gekennzeichnet. Es gibt gegenwärtig in der DDR:

A) *Sozialistisches Eigentum*, das aus zwei Arten besteht:

1. Allgemeines Volkseigentum, d. h. Staatseigentum und Kommunaleigentum, das durch den volkseigenen Sektor in Industrie, Landwirtschaft, Verkehr, Handel, Bank- und Versicherungswesen vertreten ist.

2. Genossenschaftliches Eigentum, das durch die Konsumgenossenschaften, die landwirtschaftlichen Produktionsgenossenschaften, die bäuerlichen Handelsgenossenschaften, andere bäuerliche Genossenschaften (Molkereigenossenschaften u. a.), Fischereigenossenschaften, Handwerkergenossenschaften vertreten ist.

Diese beiden Eigentumsformen bilden den sozialistischen Sektor. Sie umfassen in der Industrie etwa 85 Prozent der Produktion, in der Landwirtschaft etwa ein Drittel der Anbaufläche. Eisenbahnen, Banken, Versicherungen und Außenhandel gehören völlig zum sozialistischen Sektor.

Es ist jedoch zu berücksichtigen, daß die Genossenschaften zum Teil selbst noch Übergangscharakter haben: So können z. B. die landwirtschaftlichen Produktionsgenossenschaften in der DDR keineswegs mit den Kollektivwirtschaften in der Sowjetunion gleichgestellt werden, da sie Boden bearbeiten, der nach wie vor Privateigentum der Genossenschaftsbauern ist. Dementsprechend wird ein Teil des Einkommens nicht nach dem sozialistischen Gesetz der Verteilung nach Arbeitsleistung, sondern entsprechend dem eingebrachten Bodenanteil als eine Art absoluter Grundrente verteilt. Trotzdem gehören die landwirtschaftlichen Produktionsgenossenschaften zweifellos zum sozialistischen Sektor unserer Wirtschaft. Es gibt in unserer Republik auch noch rein kapitalistische Genossenschaften; von diesen wird später die Rede sein.

B) Zweitens gibt es in der Deutschen Demokratischen Republik *auf Arbeit beruhendes Privateigentum* an Produktionsmitteln, das auf den folgenden drei Gebieten besteht:

1. den privaten Wirtschaften der Klein- und Mittelbauern,
2. den Wirtschaften der Handwerker,

3. den kleinen Betrieben der privaten Einzelhändler, die keine Produktionsmittel, aber private Zirkulationsmittel besitzen und von ihrer eigenen Arbeit leben.

Diese drei Gruppen bilden die kleine Warenwirtschaft. Sie hat in der DDR noch sehr beträchtlichen Umfang. In der Landwirtschaft umfaßt die kleine Warenproduktion mehr als die Hälfte der Gesamtproduktion. Das Handwerk umfaßt etwa 250 000 Betriebe (mit rund 800 000 Beschäftigten), die 1954 einen Gesamtumsatz von über 6,5 Milliarden Mark erzielten. Im Einzelhandel gab es 1954 rund 170 000 Privatgeschäfte. Der Umfang des Handwerks und der Einzelhandelsgeschäfte hat seit der Einführung des Neuen Kurses zugenommen. Der private Einzelhandel konnte von 1953 auf 1954 seinen Umsatz um 18 Prozent erhöhen, das Handwerk steigerte seine Erzeugung in der gleichen Zeit um 15 Prozent.

C) Endlich gibt es das *kapitalistische Eigentum*, das auf sechs Gebieten besteht:

1. kapitalistische Industriebetriebe,
2. große Handwerksbetriebe kapitalistischen Charakters,
3. Großbauern-Wirtschaften,
4. kapitalistische Unternehmen im Groß- und Kleinhandel,
5. kapitalistische Verkehrsunternehmen (im Wasserstraßen- und Kraftverkehr),
6. kapitalistische Genossenschaften.

Diese sechs Gruppen bilden den kapitalistischen Sektor. Ihr Anteil an der gesamten Wirtschaft ist noch immer recht beträchtlich. Im Jahre 1954 betrug der Anteil der privatkapitalistischen Betriebe an der industriellen Bruttoproduktion der Republik 15 Prozent. Sie erhöhte in diesem Jahre ihre Erzeugung gegenüber 1953 um 18 Prozent. Die großbäuerlichen Wirtschaften liefern noch etwa 20 Prozent der Warenproduktion bei der Pflichtablieferung. Im Großhandel sind noch mehr als 8000 private Betriebe vorhanden.

Einer Erklärung bedarf das unter Punkt 6 angeführte Eigentum der kapitalistischen Genossenschaften. Bekanntlich sind im Kapitalismus alle Genossenschaften, selbst die Arbeiter-Konsumgenossenschaften, den kapitalistischen Gesetzen unterworfen. Unter den Bedingungen der Arbeiter-und-Bauernmacht ändern viele Genossenschaften ihren Charakter, wie die Konsumgenossenschaften, die landwirtschaftlichen Einkaufs-, Verkaufs- und Kreditgenossenschaften (die ehemaligen Raiffeisen-Verbände), die in die BHG übergingen, die Molkereigenossenschaften u. a. Sie verwandeln sich unter den neuen Bedingungen in sozialistische Genossenschaften. Aber das gilt nicht für alle kapitalistischen Genossenschaften. Es gibt auch solche, die ihren kapitalistischen Charakter behalten haben. Dafür einige Beispiele:

In Westdeutschland besteht noch heute der 1907 gegründete „Edeka-Verband deutscher kaufmännischer Genossenschaften e.V. Einkaufsgenossenschaft deutscher Kolonialwarenhändler". Dieser Verband, der eine eigene Bank besitzt, erzielte 1928 einen Großhandelsumsatz von 100 Millionen Mark. Noch heute hat dieser großkapitalistische Verband in unserer Republik 126 örtliche Einkaufsgenossenschaften, die Großhandelsgeschäfte tätigen.

In Dresden gibt es die Genossenschaft Falkenbrauerei, die 200 Lohnarbeiter beschäftigt.

Die genossenschaftliche Weinkellerei Klötze, Bezirk Magdeburg, beschäftigt ebenfalls etwa 200 Lohnarbeiter.

Die Genossenschaft der Messerschmiede in Leegebruch hat bei etwa 30 Mitgliedern 200 Beschäftigte.

Die Flachsröste Dohren, Kreis Haldesleben, auch eine Genossenschaft, erzielt mit etwa 200 Beschäftigten einen Jahresumsatz von 2 Millionen Mark.

Die Genossenschaft Alt-Märkische Konservenfabrik Stendal hat bei etwa 65 Beschäftigten einen Jahresumsatz von 1 Million Mark.

Die Liste ließe sich noch beträchtlich fortführen, denn neben den größeren kapitalistischen Genossenschaften gibt es eine Vielzahl kleinerer Genossenschaften, wie z. B. 1800 Einkaufs- und Liefergenossenschaften des Handwerks, 1000 alle sonstigen land- und forstwirtschaftlichen Genossenschaften (weder LPG noch BHG), 200 Siedlungs- und Baugenossenschaften und viele andere. Wir würden natürlich einen großen prinzipiellen und praktischen Fehler begehen, wenn wir auch alle diese Genossenschaften zum sozialistischen Sektor rechnen würden. Die meisten und größten von ihnen müssen eindeutig dem kapitalistischen Sektor zugerechnet und in unserer ökonomischen Politik dementsprechend behandelt werden. Viele der kleineren dieser Genossenschaften, besonders auf dem Gebiete der Land- und Forstwirtschaft und des Handwerks, haben die Möglichkeit, sich zu sozialistischen Genossenschaften zu entwickeln.

Neben diesen drei verschiedenen Eigentumsformen an den Produktionsmitteln gibt es in der DDR noch einen sehr umfangreichen privaten Besitz an Mietshäusern, auf den durch Mietseinnahmen jährlich rund 800 Millionen DM des Volkseinkommens entfallen.

Schließlich gibt es in der Deutschen Demokratischen Republik das *persönliche Eigentum* der Werktätigen an Gegenständen des persönlichen Bedarfs, einschließlich Wohnhäusern, das durch das Gesetz geschützt ist. Dieses Eigentum nimmt mit der sich erweiternden Wirkung des ökonomischen Grundgesetzes des Sozialismus ständig zu. Schon heute haben viele Werktätige in der DDR mehr persönliches Eigentum, als sie jemals in ihrem ganzen Leben besaßen. Damit ist der praktische Beweis dafür erbracht, daß der Sozialismus, der die Menschen vor der Ausbeutung befreit, zugleich die werktätigen Menschen reicher macht an allen Gegenständen des persönlichen Bedarfs, als sie es jemals in einer früheren Gesellschaftsordnung sein konnten.

Eine besondere Form des persönlichen Eigentums ist der Besitz der Genossenschaftsbauern an ihrer persönlichen Hofwirtschaft, dessen Umfang durch das Statut der landwirtschaftlichen Produktionsgenossenschaften bestimmt wird.

Die drei grundlegenden Formen des Eigentums an den Produktionsmitteln in der DDR sind das entscheidende Merkmal für die Übergangsperiode vom Kapitalismus zum Sozialismus. Ihnen entsprechen die drei Wirtschaftsformen, die in der DDR bestehen. In unserer Literatur wird manchmal davon gesprochen, daß in der Deutschen Demokratischen Republik drei sozialökonomische Formationen vorhanden seien. Das ist unrichtig, weil die einfache Warenwirtschaft keine sozialökonomische Formation ist.

Die drei Wirtschaftsformen stellen drei verschiedene Stufen der geschichtlichen Entwicklung dar.

Der sozialistische Sektor, der auf dem gesellschaftlichen Eigentum an den Produktionsmitteln beruht, ist die höchste Stufe der Entwicklung. In diesem Sektor ist der Widerspruch zwischen den Produktionsverhältnissen und dem gesellschaftlichen Charakter der Produktivkräfte aufgehoben. Die neuen sozialistischen Produktionsverhältnisse sind die fortschrittlichste Produktionsweise, die es in Deutschland je gegeben hat. Der sozialistische Sektor beherrscht vollständig die wirtschaftlichen Kommandohöhen, die Großindustrie, die Banken, die Eisenbahn, die MTS und den Außenhandel. Aus diesen Gründen beeinflußt der sozialistische Sektor die gesamte Volkswirtschaft in der Deutschen Demokratischen Republik.

Der Sektor der kleinen Warenwirtschaft, der auf dem kleinen Arbeitseigentum an den Produktionsmitteln beruht, stellt bei uns die niedrigste Stufe der Entwicklung dar. Der Widerspruch zwischen den Produktionsverhältnissen und dem Charakter der Produktivkräfte ist in diesem Sektor noch nicht entwickelt, weil die Produktionsmittel noch vorwiegend individuellen Charakter tragen, klein und zwerghaft sind. Jedoch hat dieser Sektor, wie LENIN hervorhebt, die Tendenz, „unausgesetzt, täglich, stündlich, elementar und im Massenumfang Kapitalismus und Bourgeoisie" zu erzeugen. Dank dem Vorhandensein der Arbeiter-und-Bauernmacht und des sozialistischen Sektors besteht aber die Möglichkeit, den kleinen Warenproduzenten den qualvollen kapitalistischen Entwicklungsweg zu ersparen und sie unmittelbar auf den sozialistischen Entwicklungsweg zu führen. Dies geschieht vor allem durch die umfangreiche Hilfe der Arbeiter-und-Bauernmacht für die werktätigen Bauern, die ihnen besonders durch die Maschinen- und Traktoren-Stationen eine neue, moderne Technik zur Verfügung stellt und die Anwendung wissenschaftlicher Methoden ermöglicht. Dadurch entwickelt sich auch in der Landwirtschaft der Widerspruch zwischen den vorhandenen Produktionsverhältnissen und dem neuen Charakter der Produktivkräfte, der aber ohne Konflikt durch den freiwilligen Zusammenschluß der Einzelbauern zu landwirtschaftlichen Produktionsgenossenschaften aufgehoben wird. Auch für die Handwerker besteht die Möglichkeit, durch genossenschaftlichen Zusammenschluß den Weg der sozialistischen Entwicklung zu beschreiten.

Der kapitalistische Sektor ist eine mittlere Entwicklungsstufe zwischen den beiden anderen Sektoren. In diesem Sektor ist der Widerspruch zwischen den Produktionsverhältnissen und dem Charakter der Produktivkräfte vorhanden. Jedoch ist dieser Widerspruch nicht von entscheidender Bedeutung für die gesamte Volkswirtschaft, weil 1. dieser Sektor relativ klein ist, 2. keine kapitalistischen Großbetriebe vorhanden sind, 3. der kapitalistische Sektor keine ökonomische Schlüsselstellung in seiner Hand hat und 4. der sozialistische Sektor und die staatliche Wirtschaftsplanung auf den kapitalistischen Sektor Einfluß ausüben. Trotz alledem darf nicht außer acht gelassen werden, daß die Existenz des kapitalistischen Sektors und der in ihm vorhandene Widerspruch Störungsfaktoren für die ganze Volkswirtschaft bilden.

Das Nebeneinanderbestehen verschiedener Wirtschaftsformen in der Übergangsperiode der DDR macht die Lösung der ökonomischen Probleme zu einer schwierigen Aufgabe. Die Erforschung der Wechselbeziehungen zwischen diesen Sektoren, der Wirkung der ökonomischen Gesetze unter den Bedingungen des Nebeneinanderbestehens verschiedener Sektoren ist darum eine der wichtigsten Aufgaben der ökonomischen Wissenschaft in der DDR. Wir dürfen uns nicht mehr damit begnügen, isoliert nur den sozialistischen Sektor zu betrachten und in diesem das Wirken der von der sowjetischen Wissenschaft dargestellten ökonomischen Gesetze des Sozialismus zu behandeln. Es ist unsere Pflicht, die ökonomischen Probleme entsprechend den besonderen Bedingungen der Übergangsperiode in der DDR und der Spaltung Deutschlands konkret zu erforschen.

W. I. LENIN hat hervorgehoben, daß die Klassen jahrelang nach der Eroberung der Macht durch das Proletariat bestehen werden. Aber die Klassen bleiben nicht die alten, sondern sie verändern während der Übergangsperiode ihren Charakter und werden allmählich zu neuen Klassen, zu Klassen der sozialistischen Gesellschaft. Das beobachten wir auch bei uns, in der Deutschen Demokratischen Republik.

Die *Arbeiterklasse* der DDR ist nicht mehr das alte Proletariat im klassischen Sinne. Sie ist weder eigentumslos, noch unterdrückt und zum größten Teil nicht mehr ausgebeutet. Die Arbeiterklasse ist zur führenden Kraft der Gesellschaft, zur herrschenden Klasse geworden. Sie hat Anteil am gesellschaftlichen Eigentum an den Produktionsmitteln. Mit ihrer sozialökonomischen Lage ändert sich auch ihr Bewußtsein. Sie bekommt eine andere Einstellung zum sozialistischen Eigentum und zur Arbeit. Aus einer lästigen Notwendigkeit und Qual wird die Arbeit zu einer Sache der Ehre und des Ruhms. Davon zeugen die Wettbewerbe und die Selbstverpflichtungen in der Produktion.

Die *Klasse der werktätigen Bauern* ist von der Ausbeutung durch das Finanzkapital und die Junker befreit worden. Ihr Bodenhunger wurde gestillt. Aus einem Anhängsel der Junker und der Bourgeoisie wurde sie zu einem zuverlässigen Bundesgenossen der Arbeiterklasse. Der fortschrittlichste Teil der werktätigen Bauern schloß sich zu landwirtschaftlichen Produktionsgenossenschaften zusammen. Damit ist eine neue Bauernklasse im Entstehen. Die Klasse der werktätigen Bauern bestimmt der Marxismus-Leninismus als

> „eine Klasse von Kleinproduzenten . . ., deren Angehörige atomisiert, über das ganze Land verstreut sind, sich einzeln in ihren Kleinwirtschaften mit deren rückständiger Technik abrackern, Sklaven des Privateigentums sind und

von Gutsbesitzern, Kulaken, Händlern, Spekulanten, Wucherern und dergleichen ungestraft ausgebeutet werden".[1])

Es wäre lächerlich, zu behaupten, daß diese Klassendefinition auf unsere Genossenschaftsbauern noch zuträfe. Sie sind nicht atomisiert, sondern in LPG zusammengeschlossen, sie rackern sich nicht in ihren Kleinwirtschaften ab, sondern haben landwirtschaftliche Großbetriebe, sie quälen sich nicht mit rückständiger Technik, sondern benutzen dank der Unterstützung der Arbeiter-und-Bauernmacht die modernste Technik und wenden die neuesten wissenschaftlichen Methoden an, sie sind nicht Sklaven des Privateigentums, sondern haben die meisten Produktionsmittel zu genossenschaftlichem Eigentum gemacht. Und von einer Ausbeutung durch Gutsbesitzer, Kulaken usw. kann keine Rede mehr sein. All das zeigt offenkundig, daß die Genossenschaftsbauern in streng wissenschaftlichem Sinne nicht mehr zur Klasse der werktätigen Bauern gehören, sondern die Keimform einer neuen Klasse bilden. Dies ist jene neue Klasse, in die sich im Verlaufe der Übergangsperiode die ganze werktätige Bauernschaft verwandeln wird. Darum ist es außerordentlich wichtig, daß die Genossenschaftsbauern die allerengste Verbindung mit den werktätigen Einzelbauern aufrechterhalten und ihnen in jeder Weise Hilfe leisten.

Die Arbeiterklasse und die Klasse der werktätigen Bauern zusammen mit den Genossenschaftsbauern bilden die Hauptklassen in der Übergangsperiode.

Die *Intelligenz* verändert in der Übergangsperiode ebenfalls ihren Charakter. Ihre fortschrittlichen Elemente rücken der Arbeiterklasse näher und schließen sich eng an diese an. Aus der Arbeiterklasse und der Bauernschaft entwickelt sich während der Übergangsperiode eine neue Intelligenz, die fest in den beiden Hauptklassen verwurzelt ist.

Die *Bourgeoisie* als die Ausbeuterklasse bleibt in der Übergangsperiode noch geraume Zeit bestehen. Sie setzt sich aus den kapitalistischen Unternehmern in Industrie, Handel und Verkehr und den Großbauern zusammen. Aber auch sie hat ihren Charakter verändert. Die Herrschaft der Finanzoligarchie ist gestürzt, die Monopolkapitalisten sind verschwunden, wie auch die Junker verschwunden sind. Verblieben sind kleine und mittlere Kapitalisten, die, solange der kapitalistische Sektor fortbesteht, am allgemeinen Aufschwung der Volkswirtschaft teilhaben.

---

[1]) J. W. Stalin, „Fragen des Leninismus", Dietz Verlag, Berlin 1955, S. 694.

Aus dem Vorhandensein verschiedener Wirtschaftsformen in der Übergangsperiode ergibt sich die Notwendigkeit, die Warenproduktion und -zirkulation sowie ihre Gesetze auszunutzen. Es muß jedoch betont werden, daß die Warenproduktion in der Übergangsperiode, wie sie heute in der Deutschen Demokratischen Republik besteht, noch nicht die für den Sozialismus typische „Warenproduktion besonderer Art" ist, die es nur mit sozialistischen Warenproduzenten zu tun hat. Die Warenproduktion in der DDR hat es sowohl mit sozialistischen Warenproduzenten zu tun, den volkseigenen Betrieben und Genossenschaften, als auch mit einfachen und kapitalistischen Warenproduzenten. Aber die Warenproduktion in der DDR ist auch schon nicht mehr die alte kapitalistische Warenproduktion, denn es ist schon eine sozialistische Warenproduktion vorhanden, und der Arbeiter-und-Bauernstaat verfügt über die Hauptmasse der Waren. Die Warenproduktion in der DDR ist eine Warenproduktion der Übergangsperiode, die sowohl Neues wie Altes enthält.

Die wichtigste Aufgabe in der Ausnutzung der Warenproduktion für den Aufbau des Sozialismus besteht darin, den richtigen Zusammenschluß zwischen der sozialistischen Industrie und der Landwirtschaft herzustellen und damit das Bündnis der Arbeiterklasse mit den Bauernmassen zu festigen. Gleichzeitig werden durch die Warenzirkulation die notwendigen Beziehungen zwischen allen Sektoren der Volkswirtschaft vermittelt. Die diesen Aufgaben entsprechende Politik ist die NÖP, die Neue Ökonomische Politik, die den Markt, den Handel und die Geldzirkulation zu diesem Zwecke verwendet. Das Schwergewicht der NÖP liegt also in der Entwicklung des ökonomischen Bündnisses der Arbeiterklasse mit der Bauernschaft. Wie schon erwähnt wurde, konnte in der DDR dank der günstigen Bedingungen das Handelsbündnis zwischen Stadt und Land rasch durch das Produktionsbündnis ergänzt werden. Das erleichtert bedeutend die Aufgabe, die Zurückgebliebenheit der Landwirtschaft hinter der Industrie zu überwinden.

Neben der sozialistischen Industrie spielt dabei der sozialistische Sektor in der Landwirtschaft selbst die entscheidende Rolle. Dieser Sektor, der aus volkseigenen Gütern (VEG), Maschinen- und Traktoren-Stationen (MTS) und landwirtschaftlichen Produktionsgenossenschaften (LPG) besteht, hat sich in den letzten Jahren sehr stark entwickelt. Besonders hat sich die technische Ausrüstung der Landwirtschaft als die Grundlage für ihre sozialistische Umgestaltung bedeutend verbessert. (Ich lasse die örtlichen Landwirtschaftsbetriebe außer Betracht, weil sie eine vorübergehende Erscheinung sind.)

Die *volkseigenen Güter* haben von 1950 bis 1954 ihre landwirtschaftliche Nutzfläche von 174 924 ha auf 278 211 ha vergrößert. Ihr Maschinenpark stieg in den gleichen Jahren an den wichtigsten Maschinen:

| | 1950 | 1954 (Plan) |
|---|---|---|
| Traktoren 30 PS | 1 196 | 4 758 |
| Traktorenpflüge | 1 674 | 3 408 |
| Traktoren-Mähbinder | 1 009 | 1 463 |
| Mähdrescher | — | 171 |

Der Viehbestand stieg in der gleichen Zeit, wiederum in den wichtigsten Arten:

| | 1950 | 1954 (Plan) |
|---|---|---|
| Rinder | 54 700 | 108 000 |
| davon Kühe | 17 120 | 50 000 |
| Schweine | 91 916 | 660 000 |
| Schafe | 129 388 | 237 000 |

Der Ertrag pro ha landwirtschaftliche Nutzfläche stieg in den volkseigenen Gütern von 1119 DM im Jahre 1950 auf 1582 DM im Jahre 1953.

Auch die *Maschinen- und Traktoren-Stationen* weisen ein rasches Wachstum auf. Ihre Anzahl stieg von 513 im Jahre 1950 auf 605 im Jahre 1954. Die Ausrüstung mit den wichtigsten Maschinen nahm in folgender Weise zu:

| | 1950 | 1954 (Plan) |
|---|---|---|
| Traktoren 30 PS | 11 668 | 33 450 |
| Traktorenpflüge | 10 654 | 27 700 |
| Traktoren-Mähbinder | 4 317 | 14 100 |
| Mähdrescher | — | 1 093 |

Die Anzahl der Agronomen bei den MTS stieg von 513 im Jahre 1950 auf 2605 im Jahre 1954.

Die Gründung der *landwirtschaftlichen Produktionsgenossenschaften* begann erst im Jahre 1952, in dem 1815 Genossenschaften mit 31 222 Mitgliedern und 160 931 ha Boden gebildet wurden. Am 31. Dezember 1954 gab es schon 5120 LPG mit 158 356 Mitgliedern und 873 816 ha Boden. Der überwiegende Teil davon, 3060 Genossenschaften mit 714 883 ha Land gehört dem höchsten Typ, dem Typ III an.

Die landwirtschaftlichen Produktionsgenossenschaften haben nicht nur im Ackerbau höhere Erträge als im Durchschnitt der

Republik erzielt, sondern auch die Zahl und Güte ihres Viehbestandes beträchtlich verbessert. Der Viehbestand der landwirtschaftlichen Genossenschaften ist von 1953 auf 1954 gewachsen

| | |
|---|---|
| bei Kühen um | 28 Prozent |
| bei Schweinen um | 23 Prozent |
| bei Schafen um | 62 Prozent. |

Für die Entwicklung der landwirtschaftlichen Produktionsgenossenschaften in der Deutschen Demokratischen Republik bis Ende 1954 ist die Tatsache wichtig, daß zu diesem Zeitpunkt etwa 85 Prozent der Mitglieder ehemalige Landarbeiter und Umsiedler waren, und weniger als 10 Prozent alteingesessene Bauern.

Diese Tatsache zeigt uns, daß die alteingesessenen Bauern ihre Voreingenommenheit gegenüber den Genossenschaften nur sehr langsam überwinden, daß die überwiegende Mehrheit von ihnen noch immer die Produktion in ihrer Einzelwirtschaft vorzieht, wenn sie auch gern die Hilfe der MTS in Anspruch nehmen. Unsere Wirtschaftspolitik auf dem Lande muß deshalb darauf gerichtet sein, auch die Wirtschaften der Einzelbauern mehr noch als bisher in ihrer Entwicklung zu unterstützen, sie durch Entfaltung des Handelsbündnisses, d. h. größeres Angebot von Industriewaren, zur Steigerung ihrer Warenproduktion anzuspornen und ihnen dabei durch Entfaltung des Produktionsbündnisses zu helfen. Gleichzeitig ist der sozialistische Sektor der Landwirtschaft weiter zu stärken, insbesondere sind die landwirtschaftlichen Produktionsgenossenschaften wirtschaftlich-organisatorisch zu festigen, damit sie zu solchen sozialistischen Musterwirtschaften werden, die durch ihr Beispiel die Einzelbauern von den Vorteilen der landwirtschaftlichen Großproduktion überzeugen. Eine besondere Art der Hilfe für die Landwirtschaft besteht gegenwärtig darin, politisch und fachlich qualifizierte Industriearbeiter aufs Land zu schicken. Darin kommt die Hilfe der Arbeiterklasse für die Bauernschaft unmittelbar zum Ausdruck.

Die volle Anwendung der Prinzipien der NÖP zur Entwicklung unserer Landwirtschaft macht es auch erforderlich, die bisherige Unterschätzung und Vernachlässigung der *Bauernmärkte* zu überwinden. Die Warenmengen, die 1954 auf den abgehaltenen ca. 11000 Bauernmärkten verkauft wurden, fallen volkswirtschaftlich kaum ins Gewicht. Bei richtiger Vorbereitung und guter Organisierung können die Bauernmärkte aber ein sehr wirksamer ökonomischer Hebel sein, um unter Ausnutzung des Wertgesetzes die landwirtschaftliche Produktion beträchtlich zu erhöhen.

Die Neue Ökonomische Politik als die Wirtschaftspolitik der Übergangsperiode vom Kapitalismus zum Sozialismus ist eine Politik des Klassenkampfes. Sie ist darauf berechnet, vor allem die ökonomischen Kräfte, die Kommandohöhen der Wirtschaft und die Ausnutzung der sich entfaltenden objektiven ökonomischen Gesetze des Sozialismus in diesem Klassenkampf ins Feld zu führen. Dabei muß aber wiederum beachtet werden, daß dieser Klassenkampf in der Übergangsperiode der DDR im Unterschied zu anderen Ländern einige Besonderheiten aufweist, die sich aus der Spaltung Deutschlands ergeben. Diese Besonderheiten bestehen in folgendem:

a) Der sozialistische Aufbau in der DDR wird von Westdeutschland und Westberlin aus systematisch gestört. Die Monopolbourgeoisie ist nur in einem Teile Deutschlands, in der DDR, entmachtet worden. In Westdeutschland ist sie im vollen Besitze der Macht. Die in der Republik enteigneten Junker und Monopolkapitalisten sind nach dem Westen geflohen und träumen davon, ihr Land und ihre Betriebe wieder zu erhalten. Alle diese Elemente organisieren mit Unterstützung der imperialistischen Besatzungsmächte die Störung und Sabotage der friedlichen Aufbauarbeit in unserer Republik, wobei sie vor keinem Verbrechen haltmachen.

b) Die kapitalistischen Elemente in der DDR, die mit unserer Entwicklung unzufrieden sind oder sich gegen unsere Wirtschaftsordnung vergangen haben, organisieren ihre „Republikflucht" nach dem Westen. Ferner betreiben westdeutsche und Westberliner Stellen, teilweise unter direkter amerikanischer Anleitung, die Abwerbung von Fachkräften und Intellektuellen nach dem Westen, wobei sie auch kriminelle Methoden anwenden.

c) Andererseits aber hat sich aus dem Kampf um die Wiederherstellung der Einheit Deutschlands und aus dem friedlichen Aufbau in der DDR eine enge Zusammenarbeit der Arbeiterklasse auch mit den fortschrittlichen Teilen der Bourgeoisie ergeben. Somit stellt die Bourgeoisie in der DDR keine einheitliche politische Kraft mehr dar, sondern ist gespalten. Während ein Teil unserem Aufbau Widerstand entgegensetzt und die Geschäfte der imperialistischen Kriegstreiber besorgt, arbeitet ein anderer Teil mit den demokratischen Kräften der DDR zusammen im nationalen Kampf. Um diesen fortschrittlichen Teil der Bourgeoisie, dessen Betriebe von volkswirtschaftlicher Bedeutung sind, auch in den Aufbau des Sozialismus in unserer Republik einzubeziehen, wurde die Beteiligung des Arbeiter-und-Bauernstaates an diesen Betrieben beschlossen.

d) Infolge der Entfaltung der Beziehungen der volkseigenen Wirtschaft zu den privaten Warenproduzenten entwickelt sich auch hier ein neues Verhältnis. Auch die privaten Produzenten haben von dem allgemeinen wirtschaftlichen Aufschwung Nutzen. Im Kampf um Frieden und demokratische Einheit Deutschlands haben sie die gleichen Interessen wie die Arbeiterklasse der DDR. Demzufolge ändern die fortschrittlichsten und einsichtigsten Privatproduzenten ihre Einstellung zur DDR und stehen ihr loyal und positiv gegenüber. Daraus hat sich die Möglichkeit ergeben, auch fortschrittliche Großbauern, die loyal zur Deutschen Demokratischen Republik stehen, als Mitglieder in die landwirtschaftlichen Produktionsgenossenschaften aufzunehmen. Dies wurde von WALTER ULBRICHT auf der III. Konferenz der Vorsitzenden und Aktivisten der LPG in Leipzig im Dezember 1954 vorgeschlagen. Es könnte scheinen, als sei eine solche Fragestellung prinzipiell unzulässig, da wir gelernt haben, daß der Kapitalismus nicht friedlich in den Sozialismus hineinwachsen kann. Indessen wäre ein solcher Einwand allzu simpel und mechanisch. Denn erstens muß man die Bedingtheit der ökonomischen Bestimmung, was ein Großbauer ist, in Betracht ziehen. Die mechanische 20-ha-Grenze ist ja nur ein äußerer Anhaltspunkt, der noch wenig über den wirklichen ökonomischen Charakter einer Bauernwirtschaft aussagt. Nehmen wir ein Beispiel, das WALTER ULBRICHT in Leipzig anführte. Die Großbäuerin Gerda Stottmeister in Wettendorf, Kreis Klötze, stellt den Antrag auf Aufnahme in die LPG, weil sie mit ihrem alten Vater die 150 Morgen Land, also ca. 37 ha, nicht mehr allein bearbeiten kann und einen Teil davon verpachtet hat. Diese Bäuerin besitzt also annähernd 40 ha Land, wendet aber keine fremden Arbeitskräfte an. Ist es nicht offensichtlich, daß eine solche Wirtschaft in viel geringerem Maße als kapitalistisch angesprochen werden kann als eine hochintensive Wirtschaft unter 20 ha, in der ständig mehrere fremde Arbeitskräfte beschäftigt sind?

Zweitens ist es für uns sehr lehrreich nachzulesen, wie FRIEDRICH ENGELS die Frage der Großbauern stellte. In seiner Arbeit „Die Bauernfrage in Frankreich und Deutschland" schrieb ENGELS in bezug auf die Groß- und Mittelbauern:

> „Sehen diese Bauern die Unvermeidlichkeit des Untergangs ihrer jetzigen Produktionsweise ein, ziehen sie die notwendigen Konsequenzen daraus, so kommen sie zu uns, und *es wird unsres Amtes sein, auch ihnen den Übergang*

*in die veränderte Produktionsweise nach Kräften zu erleichtern.*"[1])

Diese Worte von ENGELS wurden von LENIN im November 1918 ausdrücklich in bezug auf die Kulaken bestätigt.

Natürlich können wir auch an der Tatsache nicht vorübergehen, daß sich in der Sowjetunion in der Übergangsperiode das Kulakentum als der erbittertste Feind des Sozialismus erwiesen hat und daß die Wendung der breiten Massen der Bauernschaft zur Kollektivierung den unversöhnlichen Klassenkampf gegen das Kulakentum notwendig machte.[2]) Aber es handelt sich ja auch gar nicht darum, dem Kulakentum, d. h. der ganzen Klasse der Großbauern, durch die Aufnahme in die LPG den Weg zum Sozialismus zu ebnen. Es handelt sich darum, solche Großbauern aufzunehmen, die loyal zur DDR stehen. Es muß also in jedem Falle eine strenge Prüfung jedes einzelnen Großbauern vorgenommen werden. Dabei können auch manche — ich möchte sagen — Kuriositäten beseitigt werden, die sich bei der bisherigen starren Festhaltung an der 20-ha-Grenze ergeben haben. In Leipzig wurde noch ein anderer Großbauer, namens Siedenschnur in Gägelow, angeführt, der in die LPG nicht aufgenommen wurde, weil er 82 ha Land besitzt, der aber seit 1946 Mitglied der SED ist!

Auch in dieser Frage müssen wir von der Sowjetunion lernen, unsere prinzipielle Linie nicht schematisch, sondern unter Berücksichtigung der konkreten Bedingungen durchzuführen. Trotz des außerordentlich harten Klassenkampfes, der in der Sowjetunion gegen die Kulakenklasse geführt werden mußte, wurde auch dort die Aufnahme von Kulaken in die Genossenschaften als Ausnahme zugelassen. In einem Beschluß des Zentralkomitees der KPdSU(B) vom 14. März 1930 wurde bestimmt:

> „Unter strenger Einhaltung der Regel, daß Kulaken und andere Personen, die der Wahlrechte verlustig sind, nicht in die Kollektivwirtschaften aufgenommen werden, müssen *Ausnahmen* von dieser Regel für Mitglieder jener Familien *zugelassen* werden, zu denen der Sowjetmacht treu ergebene Rote Partisanen, Rotarmisten und Angehörige der Roten Flotte (Mannschaften und Offiziere), Dorfschullehrer und -lehrerinnen gehören, wenn diese sich für die Mitglieder ihrer Familie verbürgen."

[1]) KARL MARX und FRIEDRICH ENGELS, Ausgewählte Schriften in zwei Bänden, Band II, S. 410. (Von mir hervorgehoben. F. O.)

[2]) „Politische Ökonomie", Lehrbuch, S. 408.

Hieraus ist ersichtlich, daß auch diese Frage unter Beibehaltung der prinzipiellen Linie nur unter Berücksichtigung der konkreten Bedingungen gelöst werden kann.

Selbstverständlich entstehen mit der Aufnahme von Großbauern mit größerem Landbesitz in die LPG neue Probleme für die Genossenschaft, besonders in bezug auf die Verteilung für Bodenanteile, die neu geregelt werden müssen.

Zusammenfassend kann gesagt werden, daß auch in der Deutschen Demokratischen Republik der Klassenkampf sich in der Übergangsperiode gesetzmäßig verschärft und infolge der Spaltung Deutschlands spezifische Formen annimmt, die die Erziehung der Massen zu revolutionärer Wachsamkeit zu einer besonders dringenden Pflicht machen.

Das wichtigste ökonomische Ergebnis der bisherigen Entwicklung der Übergangsperiode in der Deutschen Demokratischen Republik ist die Herausbildung der sozialistischen Produktionsform, die den anderen Formen quantitativ und qualitativ überlegen ist. Es sind in der DDR neue ökonomische Bedingungen geschaffen worden, auf deren Grundlage neue ökonomische Gesetze entstanden und zu wirken begannen, die ökonomischen Gesetze des Sozialismus. Die Wirkung der ökonomischen Gesetze des Kapitalismus wird durch die neuen Gesetze immer mehr eingeschränkt. Der Zusammenstoß der verschiedenen Gesetze ist eine besondere Erscheinungsform des Klassenkampfes in der Übergangsperiode.

Das ökonomische Grundgesetz des monopolistischen Kapitalismus hat in der Deutschen Demokratischen Republik seine Kraft völlig verloren. An seine Stelle trat *das ökonomische Grundgesetz des Sozialismus*, das im entscheidenden Teile der Volkswirtschaft, im sozialistischen Sektor, das Ziel der Produktion bestimmt. Die maximale Befriedigung der ständig wachsenden materiellen und kulturellen Bedürfnisse der Volksmassen ist die Triebkraft der Produktion. Das Maß dieser Befriedigung ist jeweils vom Umfang der Produktion und vom Entwicklungsstand der Produktivkräfte abhängig, die so entwickelt werden, daß die möglichst volle Befriedigung der Bedürfnisse angestrebt wird.

Im Sektor der einfachen Warenwirtschaft wirkt noch das Wertgesetz als Regulator der Produktion, es wird bewußt bei der Festsetzung der Preise ausgenutzt. Jedoch ist die Wirkung des Wertgesetzes auch in diesem Sektor durch den Einfluß des ökonomischen Grundgesetzes des Sozialismus bereits eingeschränkt.

Im kapitalistischen Sektor in der DDR ist ebenfalls noch das Wertgesetz der Regulator der Produktion. Da das ökonomische Grundgesetz des monopolistischen Kapitalismus seine Wirkung völlig eingebüßt hat, bestimmt an seiner Stelle das Mehrwertgesetz das unmittelbare Ziel der kapitalistischen Produktion. Jedoch ist auch die Wirkung des Mehrwertgesetzes, wie noch gezeigt wird, durch die neuen ökonomischen Bedingungen außerordentlich eingeschränkt.

Während also in Westdeutschland das ökonomische Grundgesetz des monopolistischen Kapitalismus voll wirkt und, wie wir gesehen haben, die Lage der Massen ständig verschlechtert, ist in der Deutschen Demokratischen Republik das ökonomische Grundgesetz des Sozialismus bereits zum vorherrschenden Gesetz geworden, das nicht nur im sozialistischen Sektor wirkt, sondern die Entwicklung der ganzen Volkswirtschaft beeinflußt. Daher die rasche Verbesserung der materiellen und kulturellen Lage der werktätigen Massen.

Die Herausbildung und das Wirken des ökonomischen Grundgesetzes des Sozialismus in der Deutschen Demokratischen Republik hat für den nationalen Kampf um die Einheit Deutschlands eine große Bedeutung, weil dadurch dem ganzen deutschen Volke der Weg in eine glückliche Zukunft gezeigt wird.

Auf der Grundlage der neuen sozialistischen Produktionsverhältnisse entstand auch in der DDR das *Gesetz der planmäßigen (proportionalen) Entwicklung der Volkswirtschaft* und begann allmählich zu wirken. WALTER ULBRICHT schilderte auf dem III. Parteitag der SED, wie in der DDR auf der Grundlage dieses Gesetzes allmählich die planmäßige Leitung der Volkswirtschaft sich entwickelte:

> „*Die Planung begann mit den Produktionsbefehlen für die wichtigsten Großbetriebe, für die Energieversorgung, für den Transport und für die einzelnen Industrien.* Es folgten Pläne der Materialversorgung für einzelne Industrien, bis es endlich durch den Aufbau von unten her, durch die Summierung der Erfahrungen auf den verschiedenen Gebieten der Wirtschaft möglich war, reale Zahlen zu erarbeiten, die ihren Niederschlag fanden in Quartalsplänen und dann im Halbjahrplan für das zweite Halbjahr 1948. Das war der Anfang einer volkswirtschaftlichen Gesamtplanung.“[1])

[1]) Protokoll des III. Parteitages der SED, Bd. I, S. 343.

Auf den ersten Halbjahrplan folgte bekanntlich der Zweijahrplan und dann der erste Fünfjahrplan, den wir 1955 beendet haben. Mit dieser fortschreitenden Höherentwicklung unserer volkswirtschaftlichen Planung lernten wir immer mehr, das Gesetz der planmäßigen (proportionalen) Entwicklung auszunutzen und entsprechend seinen Erfordernissen die notwendigen Proportionen in der Volkswirtschaft zu ermitteln. Aber es ist uns noch nicht gelungen, das Gesetz voll anzuwenden und die vorhandenen Disproportionen zu überwinden, wobei sich von selbst versteht, daß die erforderlichen Proportionen nicht einfach durch die Ausarbeitung richtiger Pläne, sondern vielmehr durch die tatsächliche Entwicklung der Volkswirtschaft hergestellt werden.

Besonders wichtig ist in der DDR bei der Ausnutzung des Gesetzes der planmäßigen Entwicklung auch der Außenhandel. Unsere Wirtschaftswissenschaft muß sich viel mehr als bisher mit der Funktion des Außenhandels in der erweiterten Reproduktion und mit seiner Entwicklung entsprechend dem Gesetz der planmäßigen (proportionalen) Entwicklung beschäftigen. Die großen Möglichkeiten unseres Maschinenbaues, der Feinmechanik-Optik und der chemischen Industrie machen es erforderlich, für diese Industriezweige auswärtige Absatzmärkte zu sichern, während wir andererseits auf die Einfuhr von industriellen Rohstoffen und Nahrungsmitteln angewiesen sind. DerAußenhandelsplan ist deshalb ein sehr wichtiger Teil unseres Volkswirtschaftsplanes, des Produktions- wie des Finanzplanes, von seiner Arbeit hängt in bedeutendem Maße die Einhaltung der erforderlichen Proportionen in der gesamten Volkswirtschaft ab. Unsere Regierung hat wichtige Maßnahmen zur Verbesserung des Außenhandels eingeleitet. So werden z. B. 200 der besten Ingenieure der Schwerindustrie und des Maschinenbaues auf die Auslandsmärkte entsandt, um dort die konkreten Bedingungen zu studieren. Die Wirtschaftswissenschaft darf auch hier nicht zurückbleiben. Sie muß an die wissenschaftliche ökonomische Erforschung der Weltmärkte gehen, muß wissenschaftliche Methoden zur Verbesserung der Arbeit des Außenhandels ausarbeiten und damit helfen, den Außenhandel zu verbessern. Insbesondere sind die Methoden der Wirtschaftlichen Rechnungsführung im Außenhandel wissenschaftlich auszuarbeiten, damit auch auf diesem Gebiet ein wirksamer Kampf um die Erlangung der Rentabilität geführt werden kann. Bei dieser Arbeit ist davon auszugehen, daß der Arbeiter-und-Bauernstaat das Außenhandelsmonopol in seinen Händen hat und der Hauptteil unseres Außenhandels sich auf dem demokratischen Weltmarkt abspielt. Diese

Tatsache erleichtert es, auch im Außenhandel die ökonomischen Gesetze des Sozialismus auszunutzen.

Andererseits müssen unter Anwendung des Gesetzes der planmäßigen (proportionalen) Entwicklung die Produktionspläne so ausgearbeitet werden, daß die Notwendigkeit der Nahrungsmitteleinfuhr vermindert wird.

Die *volkswirtschaftliche Planung* ist die konkrete Ausnutzung des Gesetzes der planmäßigen (proportionalen) Entwicklung der Volkswirtschaft entsprechend den Erfordernissen des ökonomischen Grundgesetzes des Sozialismus. Der Wirtschaftsplan ist in der auf gesellschaftlichem Eigentum beruhenden, also auch gesellschaftlich gelenkten Produktion von außerordentlicher Wichtigkeit. Ein richtiger, den jeweiligen wirtschaftspolitischen Aufgaben entsprechender, auf der Anwendung der ökonomischen Gesetze beruhender Plan ist die erste Voraussetzung für eine erfolgreiche wirtschaftliche Tätigkeit. Enthält der Plan selbst Fehler, oder ist er gar auf unrealen Voraussetzungen aufgebaut, dann müssen im Wirtschaftsleben unweigerlich Störungen eintreten, dann kommen die Planänderungen im Laufe des Jahres, die in der Vergangenheit unseren Betrieben nicht wenig Kummer bereitet haben. Schon die Aufstellung des Planes ist eine komplizierte wissenschaftliche Arbeit mit großer Verantwortung. Sicher haben wir auch in der Ausarbeitung unserer Pläne große Erfolge errungen und die Sache von Jahr zu Jahr verbessert. Mit der Beendigung des ersten und der Vorbereitung des zweiten Fünfjahrplanes sind wir an einem Punkt angelangt, wo wir einen weiteren bedeutenden Schritt zur Verbesserung unserer volkswirtschaftlichen Planung machen müssen. Darauf weist der Beschluß der Regierung über die Vereinfachung der Planung vom Dezember vorigen Jahres hin. Auf einige Hauptprobleme dieser Frage will ich nun eingehen.

Das Hauptgewicht in dem Beschluß der Regierung ist darauf gelegt worden, die wirtschaftlich-operative Selbständigkeit der Betriebe zu erhöhen. Das wird erreicht, indem sich die zentrale Planung auf die wichtigsten volkswirtschaftlichen Aufgaben konzentriert und zu diesem Zwecke die Nomenklatur der zentralen Planung wesentlich einschränkt. In den Betrieben wird durch die operative Quartalsplanung die Möglichkeit geschaffen, die Planungsarbeit besser den Erfordernissen der Produktion und des Verbrauchs der Bevölkerung anzupassen. Der Übergang zur operativen Quartalsplanung bedeutet nicht eine Herabminderung des Fünfjahrplanes oder der Jahrespläne. Sie bezweckt, durch die konkretere Ausarbeitung des Quartalsplanes und der Monatspläne die Erfüllung und Übererfüllung des Jahresplanes sicherzustellen.

Aus der Beschränkung des Staatsplanes auf die wichtigsten volkswirtschaftlichen Aufgaben ergibt sich zugleich die Notwendigkeit, die Methoden der zentralen Planung zu verbessern. Hier stehen einige sehr aktuelle Probleme.

Während des ersten Fünfjahrplanes erfolgte die wertmäßige Planung der Bruttoproduktion in unveränderlichen Meßwerten. Auch die Erfüllung des Planes der Bruttoproduktion wurde in Meßwerten gerechnet und dies auch häufig als Grundlage für die Prämienzahlung genommen. Über diese Meßwerte wird schon seit Jahren diskutiert, alle sind sich einig, daß die gegenwärtig geltenden Meßwerte längst überholt sind und eher ein Hindernis für die Entwicklung der Produktion darstellen. Von den zahllosen Beispielen unsinniger Meßwerte, die mir vorliegen, will ich nur eines der krassesten herausgreifen. Aus dem VEB Kupferwalzwerk Hettstedt berichtet Direktor BANDEL:

> „Wir erhalten z. B. für einen Kupferbolzen DM 4,25/kg; walzen wir daraus Kupferdraht, bekommen wir nunmehr DM 1,48/kg, also etwa ein Drittel gutgeschrieben; ziehen wir dann den Walzdraht auf Feinstdrähte von zweihundertstel Millimeter, dann bleibt der Meßwert unverändert bestehen; wenn wir aber diese Kupferdrähte dann zu einem Seil verarbeiten, dann sinkt der Wert auf 1,26 DM/kg. Je schwerer und komplizierter das Seil, um so niedriger der Meßwert. Für ein sehr kompliziertes Seil bekommen wir dann nur DM 0,88/kg, also ein Fünftel des Meßwertes für den Kupferbolzen.“

Und so geht es nicht nur diesem Betriebe, sondern vielen anderen auch, wobei es sehr oft so ist, daß der Meßwert mit zusätzlichem Arbeitsaufwand sinkt. Zudem sind die bestehenden Meßwerte viel zu wenig differenziert, so daß sich einfache Verschiebungen im Sortiment sehr stark auf die Erfüllung des Bruttoproduktionsplanes auswirken. Es ist ganz offensichtlich, daß die bestehenden Meßwerte nicht mehr als brauchbares Instrument unserer Planung benutzt werden können. Die verantwortlichen Funktionäre der Staatlichen Plankommission, aber auch unsere Wirtschaftswissenschaftler, hätten diese Frage längst zur Diskussion stellen und eine Klärung herbeiführen müssen. Wenn jetzt auch beabsichtigt ist, die wertmäßige Planung des Produktionsvolumens als Warenproduktion nach tatsächlichen Abgabepreisen vorzunehmen, so können wir doch schwerlich ohne Meßwerte oder irgendwelche anderen unveränderlichen Preise auskommen, besonders nicht bei der Ausarbeitung des zweiten Fünfjahrplanes. Ich weiß um die Schwierigkeiten bei der Regelung dieser Frage, da auch die meisten Effektivpreise, besonders für Produktionsmittel, nicht dem Arbeitsaufwand entsprechen. Es wird kaum möglich sein, in kurzer Frist eine ideale Lösung zu finden. Aber zu irgendeiner Lösung werden wir uns bald entscheiden müssen, weil es mit den jetzt geltenden Meßwerten einfach nicht mehr weitergeht!

Eine weitere Aufgabe der zentralen Planung bleibt es auch künftig, grobe Disproportionen in der volkswirtschaftlichen Entwicklung zu verhüten bzw. zu überwinden. Es gibt bei uns noch manche solcher Disproportionen, die nicht nötig oder rasch aus der Welt zu schaffen wären. Nehmen wir nur die Entwicklung unserer Industrieproduktion in Normenteilen, z. B. Schrauben und Muttern. Im Jahre 1954 belief sich der Gesamtbedarf an Schrauben und Muttern auf 43600 t, es wurden jedoch nur 21600 t produziert, so daß eine beträchtliche Menge eingeführt werden mußte, und trotzdem ist der Schrei nach Schrauben nicht verstummt. Dabei ist dieses Mißverhältnis relativ rasch und mit geringen Mitteln zu beseitigen, indem einige Preßautomaten besorgt werden, die mit dem gleichen Materialaufwand den Bedarf an Schrauben und Muttern decken können.

Solche Disproportionen müssen durch die zentralen Planungsstellen schnell behoben werden, denn der dadurch der Volkswirtschaft entstehende Schaden ist in der Regel in einem Jahr größer als die Investition, die nötig ist, um das Mißverhältnis zu beseitigen.

Ein bisher ungenügend gelöstes Problem ist die Beziehung zwischen den Produktions- und den Finanzaufgaben des Planes. In der Praxis ist sehr weit die Meinung verbreitet, daß es sich hier um zwei verschiedene Pläne handelt, die irgendwie übereinstimmen müßten, aber sehr oft nicht übereinstimmen. Es ist nicht selten vorgekommen, daß der Produktionsplan eines Betriebes geändert wurde, der Finanzplan aber der gleiche blieb. So wurde beispielsweise im VEB Teerverarbeitungswerk Rositz im zweiten Halbjahr 1954 die Produktion durch die HV Schwerchemie um 4 Millionen DM gekürzt, der Finanzplan wurde aber nicht geändert.[1]) Natürlich kann ein Betrieb nicht zwei verschiedene Pläne haben. Die finanziellen Aufgaben des Betriebes können sich nur aus seinem

[1]) „Deutsche Finanzwirtschaft", 1955, Nummer 5, S. 177.

Produktionsplan ergeben. Deshalb heißt es auch im Lehrbuch „Politische Ökonomie“:

> „Jeder staatliche Betrieb (Werk, Grube, Sowjetwirtschaft, MTS usw.) hat seinen Plan der technischen, Produktions- und Finanzaufgaben (Techprodfinplan), der auf der Grundlage der staatlichen Planaufgaben ausgearbeitet wird und *einen zusammengefaßten Plan* der technischen Produktions- und Finanztätigkeit des Betriebs darstellt.“[1])

Das gleiche muß auch für den staatlichen Betrieb in der DDR gelten. Gegenwärtig ist jedoch in unserer sozialistischen Wirtschaft noch ein Dualismus zwischen dem Produktionsplan und dem Finanzplan vorhanden. Dieser Dualismus beruht erstens auf dem Unterschied in der Methode der Ausarbeitung der beiden Pläne und ihrem Inhalt. Der Produktionsplan ist der Plan der Bruttoproduktion in Meßwerten. Diese Wertsumme kann jedoch nicht zu den im Finanzplan enthaltenen Kennziffern in Beziehung gesetzt werden, weil diesen der Warenproduktionswert in Abgabepreisen unter Berücksichtigung der Bestandsveränderungen an unvollendeter Produktion zugrunde liegt. Die Festlegung dieses Wertvolumens ist jedoch fast ausschließlich Angelegenheit der kaufmännischen Abteilung bzw. der Finanzplanung. Des weiteren haben die Fachplangebiete bisher nur die technische Einheit geplant, also z. B. Metallurgie-Erzeugnisse, ohne sich um die anderen Erzeugnisse zu kümmern. Der Finanzplan umfaßt aber die gesamte Warenproduktion. Erst jetzt gehen die Fachplangebiete dazu über, auch im Produktionsplan die gesamte Warenproduktion zu umfassen. Zweitens beruht der Dualismus auf der zeitlichen Differenz der Bestätigung der beiden Pläne, meistens wird der Finanzplan viel später als der Produktionsplan bestätigt. Drittens ergab sich dieser Dualismus bisher daraus, daß der Produktionsplan sehr veränderlich, der Finanzplan hingegen sehr starr war. Es ist ein dringendes Erfordernis der Verbesserung unserer Planung, den Dualismus zwischen Produktionsplan und Finanzplan rasch zu überwinden und in den Betrieben zu einem einheitlichen „Techprodfinplan“ zu kommen, der die Erfordernisse der technischen Entwicklung, des Produktionsprogramms und der finanziellen Tätigkeit in einem enthält. Die Zeitschrift „Deutsche Finanzwirtschaft“ hat sich in einem Leitartikel mit diesem Problem befaßt, die Sache aber etwas einseitig dargestellt, daß „von

---

[1]) „Politische Ökonomie“, Lehrbuch, S. 479. (Von mir hervorgehoben. F. O.)

den Planern der Wichtigkeit der Kontrolle der Produktion durch die Mark noch zu wenig Wert beigemessen wird."[1])

Dies ist gewiß richtig, aber ebenso richtig ist, daß die Finanzorgane häufig recht schwerhörig waren, wenn die Betriebe die Bestätigung des Finanzplanes forderten oder auf seine Unhaltbarkeit hinwiesen. Es muß also, wie in dem Artikel ganz richtig gefordert wird, von beiden Seiten darangegangen werden, die Sache in Ordnung zu bringen.

Durch den Beschluß über die Vereinfachung der Planung erhalten die Hauptverwaltungen und vor allem die Betriebe eine größere Selbständigkeit und damit eine größere Verantwortung für ihre Planung. Da sie für den Absatz ihrer Erzeugnisse selbst verantwortlich gemacht werden, müssen sie in Zukunft nicht nur besser mit dem Handel zusammenarbeiten, sondern auch vom Vertragssystem viel besser Gebrauch machen als bisher. In den Konsumgüterindustrien müssen die Vertragsabschlüsse mit den Abnehmern zur Grundlage für die Ausarbeitung des Produktionsplanes werden. Wird das erreicht, dann werden auch die vielen Planänderungen im Laufe des Jahres aufhören. Bisher war es gerade umgedreht: die sehr häufigen, von oben angeordneten Änderungen des Planes verlangten ständige Änderungen der abgeschlossenen Verträge. Dafür ein Beispiel: die volkseigene Schuhfabrik Paul Schäfer, Erfurt, hatte für 1954 insgesamt 2754 Absatzverträge abgeschlossen. Von diesen Verträgen wurden bis Ende Oktober 1220 Verträge geändert. Von den 483 geschlossenen Versorgungsverträgen wurden bis Oktober 186 geändert. Der Leiter dieser volkseigenen Schuhfabrik beantwortete diese Lage mit dem Stoßseufzer: „Ich habe gedacht, wir produzieren Schuhe; in Wirklichkeit jedoch produzieren wir Verträge". Wie eine Untersuchung des Staatlichen Vertragsgerichts ergab, sind die von den Betrieben selbst gewünschten Vertragsänderungen gering gegenüber der Zahl von Vertragsänderungen und -aufhebungen, die durch operative Maßnahmen der Ministerien verursacht wurden. Es ist zu hoffen, daß mit der Durchführung dieses Beschlusses über die Vereinfachung der Planung auch auf diesem Gebiete eine wesentliche Verbesserung und damit eine Stetigkeit im Produktionsablauf der Betriebe eintritt. Dies wird auch dadurch erleichtert, daß in den Betrieben künftig das Schwergewicht auf die operative Quartalsplanung gelegt wird.

Mit der vollen Verantwortlichkeit der Betriebe für ihren Betriebsplan muß sich auch die Qualität dieser Betriebspläne selbst

[1]) „Deutsche Finanzwirtschaft", 1955, Heft 5, S. 177.

verbessern. Diese Pläne müssen auf korrekten Material- und Arbeitskräftebilanzen beruhen. Das wird jedoch nur möglich sein, wenn es in den Betrieben richtige, wissenschaftlich berechnete und fortschrittliche Normen gibt. Ohne exakte Normen ist kein exakter Betriebsplan möglich. Bestehen keine genauen Materialverbrauchsnormen, dann wird der Materialbedarfsplan erfahrungsgemäß aufgestellt oder „über den Daumen gepeilt". Wir haben in den letzten Jahren bestimmt in der Normenfrage Fortschritte erzielt, aber sie sind noch immer ungenügend. Die wissenschaftliche Berechnung der Normen für Maschinenausnutzung, für Energie- und Materialverbrauch usw. wird noch für lange Zeit eine der wichtigsten Aufgaben zur Verbesserung unserer Planungsarbeit bleiben. Dafür ein Beispiel:

Das Ministerium für Schwerindustrie berichtet, daß für etwa 97 Prozent der Grundstoffe Materialverbrauchsnormen bestehen. Also anscheinend eine glänzende Lage. Aber dann wird erläutert, daß es sich hierbei um drei verschiedene Arten von Normen handelt: A) technisch begründete Normen, B) erfahrungsstatistische Normen und C) um solche, die bei Neuaufnahme der Produktion auf Grund von Unterlagen anderer Betriebe verwendet wurden. Und dann stellt sich heraus, daß es bei Elektroenergie, Gas und Kunststoffen nur erfahrungsstatistische Normen gibt, daß in der Eisenindustrie 21 technisch begründeten Normen 549 erfahrungsstatistische Normen gegenüberstehen. In der Schwerchemie ist das entsprechende Verhältnis 91 zu 1452. Von insgesamt 8089 Materialverbrauchsnormen sind nur 667 technisch begründete und 7258 erfahrungsstatistische Normen.

Wenn wir von Normen als der unerläßlichen Grundlage für eine genaue Planung sprechen, dann meinen wir natürlich stets technisch begründete Normen, solche Normen, die den fortschrittlichen Produktionsbedingungen entsprechen und den Betrieben ein Ansporn sind, alle versteckten Reserven zu mobilisieren und sparsam mit gesellschaftlicher Arbeit in jeder Form umzugehen.

Die volkswirtschaftliche Planung umfaßt in der Deutschen Demokratischen Republik nicht nur den sozialistischen Sektor, sondern greift auch in die anderen Sektoren über. So erhält z. B. jeder Bauer einen Anbauplan und einen Viehhalteplan und außerdem noch die Planzahlen für die Pflichtablieferung landwirtschaftlicher Erzeugnisse. Damit wird ihm im wesentlichen sein Produktionsprogramm vorgeschrieben. Diese Beeinflussung der privaten bäuerlichen Produktion war und ist erforderlich, um die Erzeugung der für die Volksernährung unbedingt notwendigen landwirtschaftlichen Produkte sicherzustellen. Sie hat sich im Prinzip bewährt und ist auch für den Bauern von Vorteil, weil sie ihm den Absatz seiner Erzeugnisse garantiert. Der Fehler in dieser Planung der landwirtschaftlichen Produktion besteht jedoch darin, daß des Guten zuviel getan und dadurch die wirtschaftliche Initiative der Bauern unnötig eingeschränkt wurde. So umfaßt z. B. der Anbauplan im Staatsplan mehr als 100 Einzelkulturen, die von zentraler Stelle geplant werden, so daß einzelnen bäuerlichen Wirtschaften manchmal 50 bis 70 verschiedene Kulturen zum Anbau vorgeschrieben wurden. Das führte zu einer starken Einschränkung der Initiative der bäuerlichen Produzenten und in einzelnen Fällen auch zu einem gewissen Gegensatz zwischen den staatlichen Interessen und den materiellen Interessen der Bauern. Die Wunschanbaupläne der Bauern konnten bei dieser übertriebenen Zentralisierung nur ungenügend berücksichtigt werden. Aber auch den staatlichen Interessen ist diese Art der Planung nicht dienlich, da natürlich bei einer solchen zentralisierten Planung die lokalen natürlichen und ökonomischen Produktionsbedingungen nicht in genügendem Maße berücksichtigt werden können. Wie sehr dieses System den allgemeinen Interessen abträglich ist, beweist folgendes Beispiel: Die durchschnittliche Milchleistung je Kuh wurde für den Bezirk Rostock für 1955 mit 2900 kg festgesetzt. Der Bezirk Rostock teilte diese Auflage schematisch auf die Kreise auf. Dadurch ergab sich, daß der Kreis Grevesmühlen, der 1954 bereits einen Durchschnittsertrag von 2900 kg erreicht hatte, wiederum eine Planaufgabe von nur 2900 kg erhielt.

Der Schematismus in der Planung der landwirtschaftlichen Produktion hat dazu geführt, daß die natürlichen Produktionsreserven nicht ausgeschöpft und die Pläne der pflanzlichen und tierischen Produktion nicht genügend miteinander abgestimmt wurden, womit das Gesetz der proportionalen Entwicklung wie auch das Gesetz der stetigen Steigerung der Arbeitsproduktivität verletzt wurden.[1])

Die Verbesserung der Planung der landwirtschaftlichen Produktion erfordert, genaue wissenschaftliche Unterlagen über die natürlichen und ökonomischen Produktionsbedingungen auszuarbeiten, die Planung durch Beschränkung auf die wichtigsten Erzeugnisse zu vereinfachen, auch in der Landwirtschaft das Vertrags-

[1]) Inzwischen wurde der Viehhalteplan bereits abgeschafft, und auch die Abschaffung des Anbauplanes wird vorbereitet. Bestehen bleiben die Pläne für Erfassung und Aufkauf, d. h., an die Stelle der Planung der Bruttoproduktion tritt die Planung der Marktproduktion. (Zur zweiten Auflage.)

system zu entwickeln und die Planungskader zu qualifizieren. Auf das Problem der Preise werde ich später zu sprechen kommen.

Obwohl die privaten Betriebe in der Deutschen Demokratischen Republik keinen Betriebsplan haben, werden auch sie in ihrer Produktion von der staatlichen Planung beeinflußt. Dies geschieht über die Räte der Bezirke und Kreise und die Industrie- und Handelskammern, denen die Privatbetriebe ihre Produktionsangebote einreichen. Diese Angebote werden entsprechend der allgemeinen wirtschaftlichen Aufgabe beeinflußt, damit mehr Massenbedarfsgüter, mehr hochwertige Exportartikel, mehr Baustoffe und mehr industrielle Neuheiten usw. hergestellt werden. Die Planvorschläge der Privatfirmen werden vom Rat des Bezirks mit den Kontrollzahlen über das Wachstumstempo verglichen und mit dem Materialaufkommen (staatliche Kontingente und örtliche Reserven) bilanziert. Der Rat des Bezirkes übergibt die Kontrollzahlen und die Materialkontingente der Bezirksdirektion der Industrie- und Handelskammer, der es obliegt, die Durchführung der staatlichen Aufgaben zu garantieren.

Das wichtigste Mittel der Verbindung der privatkapitalistischen Industrie mit dem Volkswirtschaftsplan sind die Verträge der volkseigenen Industrie- und Handelsunternehmen mit den privaten Betrieben. Da die volkseigene Wirtschaft über die weitaus größten Materialmengen verfügt und die privaten Betriebe zumeist dieses Material verarbeiten, hat der volkseigene Sektor einen wirksamen ökonomischen Hebel in der Hand, um die Produktion der privatkapitalistischen Betriebe zu beeinflussen und Störungsfaktoren auszuschalten. Aber dieser Hebel wird offenkundig von der volkseigenen Wirtschaft in völlig ungenügender Weise ausgenutzt. Denn nur so ist es zu erklären, daß Privatbetriebe sich weigern, in die Verträge die allgemeinen Lieferbedingungen aufzunehmen, sich an Erfüllungstermine zu halten und im Falle der Nichterfüllung Konventionalstrafen vorzusehen. Gegenwärtig ist die Lage in unserer Republik so, daß der private Betrieb sich bei auftretenden Schwierigkeiten der Vertragserfüllung gegenüber dem volkseigenen Betrieb in einer weit günstigeren Lage befindet, weil er keine Sanktionen vereinbart. Diese Situation ist absurd. Sie ist nur möglich, weil die Funktionäre der volkseigenen Wirtschaft noch nicht verstanden haben, daß sie am längeren Arm dieses wichtigen ökonomischen Hebels sitzen.

Schließlich werden die privaten Betriebe in der DDR durch die allgemeine Warenzirkulation und durch die Finanzpolitik des Arbeiter-und-Bauernstaates dem Einfluß der sozialistischen Wirtschaft unterworfen. Aus all dem ergibt sich, daß das Gesetz der Konkurrenz und Anarchie der Produktion selbst im kapitalistischen Sektor seine Wirkungskraft weitgehend eingebüßt hat und das Gesetz der planmäßigen (proportionalen) Entwicklung seine Wirkung über den sozialistischen Sektor hinaus ausübt.[1])

Wie im Lehrbuch „Politische Ökonomie" hervorgehoben wird, werden die Pläne in der Praxis den Erfordernissen des Gesetzes der planmäßigen Entwicklung der Volkswirtschaft nicht immer ganz gerecht.

> „Wird gegen diese Erfordernisse verstoßen, macht sich das Gesetz der planmäßigen Entwicklung der Volkswirtschaft dadurch bemerkbar, daß in einzelnen Abschnitten der Volkswirtschaft Disproportionen entstehen und der normale Produktions- und Zirkulationsprozeß gestört wird."[2])

Diese für den entwickelten Sozialismus getroffene Feststellung gilt natürlich noch in viel größerem Maße für die Wirtschaft der Deutschen Demokratischen Republik, die sich noch in der Übergangsperiode zum Sozialismus befindet. Und dennoch können wir, wenn wir unsere Wirtschaft mit der Westdeutschlands vergleichen, feststellen, daß wir den Wirkungsbereich des Gesetzes der Konkurrenz und Anarchie bereits soweit eingeschränkt haben, daß wir die Auswirkungen dieses Gesetzes, die Arbeitslosigkeit und die Krisen, aus unserer Wirtschaft verbannt haben.

In der Übergangsperiode der Deutschen Demokratischen Republik gibt es Warenproduktion. Die Notwendigkeit der Warenproduktion in der DDR ergibt sich aus dem Vorhandensein verschiedener Eigentumsformen und verschiedener Wirtschaftssektoren. Sie ist außerdem erforderlich, weil die Gegenstände des persönlichen Bedarfs als Waren produziert und realisiert werden und schließlich für den Außenhandel, in dem Waren ver- und gekauft werden.

Wo es Warenproduktion gibt, da gibt es auch das *Wertgesetz.* Und das Wirken des Wertgesetzes macht auch das Geld notwendig. Das Geld ist nach wie vor allgemeines Maß der Werte — die Ergebnisse der gesamten gesellschaftlichen Produktion werden in Geld ausgedrückt. Das Geld wird damit zu einem der wichtigsten ökonomischen Instrumente des sozialistischen Aufbaus.

---

[1]) Durch die Beteiligung des Arbeiter-und-Bauernstaates an einzelnen Privatunternehmen entsteht für diese eine neue Lage, die eine ausführliche Analyse erfordert. (Zur zweiten Auflage.)

[2]) „Politische Ökonomie", Lehrbuch, S. 478.

Bei der Behandlung der Wirkung des Wertgesetzes werden in unserer ökonomischen Literatur häufig zwei entgegengesetzte Fehler gemacht, die das Verständnis dieses komplizierten Problems erschweren.

Nach MARX ist der Wert bekanntlich Arbeit, und zwar die Arbeit des Privatproduzenten, die sich als gesellschaftliche Arbeit, als Teil der gesellschaftlichen Gesamtarbeit bewähren muß. In der sozialistischen Produktion ist der Widerspruch zwischen privater Arbeit und gesellschaftlicher Arbeit aufgehoben. Die Arbeit ist nicht private, sondern unmittelbare gesellschaftliche Arbeit. Hieraus leiten nun manche Ökonomen einen gewissen Automatismus in der Ausnutzung des Wertgesetzes ab: die Arbeit braucht nur geplant zu werden, und schon ist sie als unmittelbar gesellschaftliche Arbeit wertbildend. So schreibt z. B. JOHANNES SCHMIDT, Leipzig:

> „In der sozialistischen Wirtschaft wird die Arbeitskraft von vornherein geplant, sie ist unmittelbar gesellschaftliche Arbeit. Hierin kommt die bewußte Anwendung des Wertgesetzes zum Ausdruck.“[1])

Was aber, wenn falsch geplant worden ist, wenn die Arbeitskraft sogenannte Überplanbestände erzeugt hat, die völlig unabsetzbar sind? Offensichtlich bewährt sich dann diese individuelle Arbeit nicht als ein Teil der wertschaffenden gesellschaftlichen Arbeit, sondern ist nutzlos vertan, vergeudet worden. Ich will damit sagen, daß die Ausnutzung des Wertgesetzes auch in der sozialistischen Wirtschaft nicht so automatisch vor sich geht, wie man sich das zuweilen vorstellt, sondern daß sie die planmäßige Verteilung der gesellschaftlichen Arbeit entsprechend den Erfordernissen des Gesetzes der planmäßigen (proportionalen) Entwicklung der Volkswirtschaft erheischt.

Der entgegengesetzte Fehler, der nicht weniger häufig in unserer ökonomischen Literatur anzutreffen ist, besteht in der Überschätzung der elementaren, regulierenden Rolle des Wertgesetzes in der Wirtschaft der DDR. Als Beispiel hierfür möchte ich die Schrift „Bilanzierung der Geldeinnahmen und -ausgaben der Bevölkerung“ von HORST ZIMMERMANN anführen. Z. behauptet, daß der Geldumlauf in der Bevölkerung vom Wertgesetz reguliert wird[2]), daß die „Bar-

[1]) JOHANNES SCHMIDT, „Wirtschaftliche Rechnungsführung und Besteuerung“, Diskussionsbeiträge zu Wirtschaftsfragen, Heft 6, S. 29.

[2]) HORST ZIMMERMANN, „Bilanzierung der Geldeinnahmen und -ausgaben der Bevölkerung“, Diskussionsbeiträge zu Wirtschaftsfragen, Heft 15, S. 68.

geldbewegungen zwischen den Betrieben einerseits und der Bevölkerung andererseits“ auf den Wirkungen des Wertgesetzes beruhen[1]), — also auch die Lohnzahlungen an die Arbeiter der volkseigenen Betriebe usw. — Es ist offenkundig, daß ZIMMERMANN die spontane Wirkung des Wertgesetzes in der Wirtschaft unserer Republik sehr überschätzt und dagegen nicht genügend die wichtigen Faktoren in Rechnung stellt, die den Wirkungsbereich des Wertgesetzes einschränken.

Natürlich spielt das Wertgesetz innerhalb der Warenzirkulation noch in bestimmtem Rahmen eine regulierende Rolle. Es wirkt sich in Angebot und Nachfrage nach einzelnen Waren aus, die vom Preise der betreffenden Waren abhängig sind. Aber auch hier — in der Zirkulationssphäre — kann sich das Wertgesetz nicht frei entfalten, weil das größte Warenangebot vom sozialistischen Sektor zu festen Preisen vertreten ist. Selbst auf den Bauernmärkten, wo sich doch die Preise frei bilden, üben die staatlichen Festpreise ihren Einfluß aus.

Im Sektor der einfachen Warenproduktion wirkt das Wertgesetz als Regulator der Produktion. Aber auch hier sind einer spontanen Wirkung in der DDR sehr enge — vielleicht sogar zu enge — Grenzen gezogen, denn die Verteilung der Produktivkräfte geschieht z. B. in der Landwirtschaft auf Grund der Anbau- und Viehhaltepläne und nicht spontan durch das Wertgesetz. Allerdings, wo wir nicht verstehen, das Wertgesetz richtig anzuwenden, treten trotz dieser Pläne Störungen auf.

Etwas größere Wirkung hat das Wertgesetz als Regulator der Produktion im kapitalistischen Sektor unserer Wirtschaft. Der Kapitalist produziert auch bei uns um des Profits willen und wird bestrebt sein, solche Waren zu produzieren, die ihm einen möglichst hohen Profit versprechen. Aber selbst in diesem Sektor greift der Arbeiter-und-Bauernstaat mit Hilfe seiner ökonomischen Hebel ein und beschränkt damit die elementare Wirkung des Wertgesetzes.

Die Hauptbedeutung des Wertgesetzes für die Wirtschaft in der Deutschen Demokratischen Republik scheint mir in der gegenwärtigen Etappe unserer Entwicklung in seiner Anwendung bei der Wirtschaftlichen Rechnungsführung zu liegen, d. h. in seiner bewußten Anwendung im sozialistischen Sektor zur Durchsetzung des Sparsamkeitsregimes und zur Erlangung der Rentabilität aller sozialistischen Betriebe. Das 21. Plenum des Zentralkomitees der Sozialistischen Einheitspartei Deutschlands hat gerade diese

[1]) Ebenda, S. 72, 79.

Frage, die Erlangung und Steigerung der Rentabilität, in den Mittelpunkt aller unserer wirtschaftlichen Maßnahmen gerückt. Sie ist gegenwärtig das wichtigste Kettenglied unserer Wirtschaftspolitik. Wie aber können wir dieses Kettenglied halten, wenn wir nicht lernen, das Wertgesetz bewußt auszunutzen? WALTER ULBRICHT sagte auf dem 21. Plenum:

> „Indem die Wirtschaftliche Rechnungsführung das Wertgesetz ausnutzt, bietet sie die Möglichkeit genauer Kalkulation, gewissenhafter Rechnungslegung und ständiger Kontrolle der wirtschaftlichen Tätigkeit des Betriebes.“[1])

Genaue Kalkulation der Produktionskosten, das heißt eben Ausnutzung des Wertgesetzes zur Ermittlung des Aufwandes an vergegenständlichter und lebendiger Arbeit, das ist der erste entscheidende Schritt auf dem Wege zur Rentabilität, das ist die unbedingte Voraussetzung für Rechnungslegung und Kontrolle.

In diesem Zusammenhang kann nicht an der falschen und für unsere Wirtschaftspolitik schädlichen Theorie von CURT TEICHMANN vorübergegangen werden, der bei der Untersuchung der Wertbildung im Sozialismus einen sogenannten Planwert erfunden hat. Diesen Planwert definiert TEICHMANN folgendermaßen:

> „Der Planwert ist somit nichts anderes als die in Preisform ausgedrückten planmäßigen Produktionskosten eines unter sozialistischen Bedingungen erzeugten Produktes.“[2])

TEICHMANN versteht sehr gut, daß seine Planwerte von den objektiven Werten abweichen, deren Größe ja auch in der sozialistischen Wirtschaft von der Menge der für die Herstellung der Waren aufgewandten gesellschaftlich notwendigen Arbeitszeit bestimmt wird.[3]) Er bestätigt dies ausdrücklich, indem er betont, daß „der objektive Wert der einzelnen Ware immer bedeutungsloser“ wird. Lediglich in der Summe aller Werte will er den objektiven Wert noch gelten lassen. Diese Theorie TEICHMANNS kann nicht anders als ein Rückfall in subjektiven Idealismus bezeichnet werden. Ihre Anwendung würde die Wirtschaftliche Rechnungsführung, würde jede genaue Kalkulation zugrunde richten. TEICHMANN hat völlig den wichtigen Hinweis STALINS vergessen, daß die Berücksichti-

[1]) WALTER ULBRICHT, „Fragen der Politischen Ökonomie in der Deutschen Demokratischen Republik“, S. 10 u. 11.

[2]) CURT TEICHMANN, „Zur Ökonomik des Binnenhandels“, Diskussionsbeiträge zu Wirtschaftsfragen, Heft 5, S. 52.

[3]) Vgl. „Politische Ökonomie“, Lehrbuch, S. 504 u. 505.

gung des Wertgesetzes gerade darum gut ist, weil sie die Wirtschaftler lehrt,

> „... die Produktionsgrößen zu berechnen, sie genau zu berechnen und ebenso genau die realen Dinge in der Produktion in Rechnung zu stellen, anstatt sich mit Geschwätz über aus der Luft gegriffene ‚schätzungsweise Angaben' zu befassen."[1])

Die richtige Anwendung des Wertgesetzes, das auch unter den neuen Bedingungen seinen objektiven Charakter nicht verliert, im sozialistischen Sektor unserer Wirtschaft ist die Voraussetzung dafür, dieses Gesetz richtig und wirksam auch in den Beziehungen zu den anderen Sektoren der Wirtschaft auszunutzen. Richtige Anwendung des Wertgesetzes im sozialistischen Sektor heißt aber, mit seiner Hilfe den realen Aufwand an gesellschaftlicher Arbeit genau zu ermitteln, und dementsprechend die gesellschaftliche Arbeit gemäß dem Gesetz der planmäßigen (proportionalen) Entwicklung richtig zu verteilen.

Die Verwirklichung des ökonomischen Grundgesetzes des Sozialismus erfordert die systematische und schnelle Steigerung der Arbeitsproduktivität. Nachdem die Schranken gefallen sind, die das Privateigentum im Kapitalismus dem Wachstum der Arbeitsproduktivität entgegensetzt, entsteht und wirkt im Sozialismus das ökonomische *Gesetz des stetigen Wachstums der Arbeitsproduktivität.* Dieses Gesetz ist gerade für die Übergangsperiode vom Kapitalismus zum Sozialismus von eminenter Wichtigkeit, denn die Arbeitsproduktivität ist, wie LENIN lehrt, das Wichtigste für den Sieg der neuen Gesellschaftsordnung. Der Kapitalismus hat den Feudalismus besiegt, weil er eine viel höhere Arbeitsproduktivität als dieser hervorbrachte, obwohl im Kapitalismus infolge des Privateigentums an den Produktionsmitteln die Steigerung der Arbeitsproduktivität durch Krisen und Rückschläge unterbrochen wird. Der Sozialismus wird den Kapitalismus besiegen, weil er das neue ökonomische Gesetz des *stetigen* Wachstums der Arbeitsproduktivität hervorbringt.

Selbstverständlich wirkt auch dieses Gesetz nicht spontan. Es ist nicht so, daß wir uns mit verschränkten Armen hinstellen und zuschauen können, wie das Gesetz die Arbeitsproduktivität stetig erhöht. Gerade das Gesetz des stetigen Wachstums der Arbeitsproduktivität erfordert den aktiven Kampf um seine Verwirklichung. Die Voraussetzung für diesen Kampf ist, daß wir das Gesetz richtig erkannt haben.

---

[1]) J. W. STALIN, „Ökonomische Probleme des Sozialismus in der UdSSR". Dietz Verlag, Berlin 1953, S. 21.

Man sollte annehmen, daß über das Wesen des Wachstums der Arbeitsproduktivität unter Marxisten Klarheit herrscht. Im Lehrbuch „Politische Ökonomie" heißt es darüber:

> „Die Steigerung der Arbeitsproduktivität kommt darin zum Ausdruck, daß der Anteil der lebendigen Arbeit am Produkt geringer wird, während der Anteil der vergangenen Arbeit relativ zunimmt, wobei die Gesamtmenge der in einer Erzeugungseinheit enthaltenen Arbeit abnimmt."[1])

Dieser von allen marxistischen Ökonomen anerkannten These widerspricht die Auffassung, die HANS HESSEL in einem Aufsatz der Zeitschrift „Wirtschaftswissenschaft" vertrat, daß auch die Abnahme des Anteils der vergegenständlichten Arbeit gegenüber dem Anteil der lebendigen Arbeit ein Ausdruck für die Erhöhung der Arbeitsproduktivität sei. HESSEL schreibt:

> „Zweifellos wirkt sich jene allgemeine Gesetzmäßigkeit auf diese Proportion aus, sie wird zweifellos eine Erhöhung des Anteils der vergegenständlichten Arbeit am Gesamtprodukt bewirken. Man darf aber dabei nicht andere wichtige Faktoren übersehen, die ein ständiges Sinken des Anteils der vergegenständlichten Arbeit am Gesamtprodukt bewirken: nämlich unsere Arbeiter, die ständig bestrebt sind, Material einzusparen, die Abnutzung der Maschinen zu verringern, aus Abfällen hochwertige Gebrauchsgüter herzustellen usw. und dabei große Erfolge zu erzielen, so daß der Anteil der vergegenständlichten Arbeit im laufenden Fünfjahrplan unserer Deutschen Demokratischen Republik ständig gesunken ist."[2])

Ich will unterstellen, daß der Anteil der vergegenständlichten Arbeit am Produktenwert in der DDR tatsächlich gesunken ist. Die mir vorliegenden Unterlagen sind sehr ungenau, deuten jedoch in dieser Richtung. Dennoch ist die Erklärung von HESSEL falsch. Er will aus der Not eine Tugend machen und kommt dadurch zu einer Verteidigung von Rückständigkeit und Schlamperei. Gewiß ist die Ersparnis von vergegenständlichter Arbeit, Materialersparnis, Maschinenpflege usw., ein zusätzlicher Faktor zur Steigerung der Arbeitsproduktivität. Der entscheidende Faktor ist

---

[1]) „Politische Ökonomie", Lehrbuch, S. 497.

[2]) HANS HESSEL, „Zur Frage des Wachstumstempos der beiden großen Abteilungen der gesellschaftlichen Produktion", „Wirtschaftswissenschaft" 1954, Heft 6, S. 654.

aber die Ersparnis an lebendiger Arbeit, die Herstellung einer größeren Gütermenge mit demselben Aufwand an lebendiger Arbeit, was in der Regel einen relativ größeren Aufwand an vergegenständlichter Arbeit, an besseren Produktionsinstrumenten erfordert. Wenn wir in der DDR eine entgegengesetzte Erscheinung haben — und das trifft sicher in vielen Industriezweigen zu —, so ist das nur ein Ausdruck der Tatsache, daß die Steigerung der Arbeitsproduktivität gerade von der Seite der lebendigen Arbeit her ungenügend ist. Es ist ja unbestritten, daß die Arbeitsproduktivität bei uns mit dem Wachstum der Technik nicht Schritt gehalten hat. Wenn z. B. mit der Einführung einer neuen Technik nicht gleichzeitig entsprechende neue Arbeitsnormen eingeführt werden, dann fehlt der Ansporn zur Einsparung lebendiger Arbeit, und es kann der von HESSEL verteidigte Fall eintreten.

Die von MARX nachgewiesene Abnahme des Anteils der lebendigen Arbeit am Produktionswert muß eintreten, weil gerade im Sozialismus die Verbesserung der Technik, die Anwendung der neuesten Technik und der neuesten wissenschaftlichen Arbeitsmethoden das entscheidende Mittel für die Erhöhung der Arbeitsproduktivität ist. Die neuen gesellschaftlichen Produktionsverhältnisse haben die Produktivkräfte von den Fesseln befreit, die im Kapitalismus ihre Entwicklung hemmen. Von Jahr zu Jahr wird ein bedeutender Teil des Nationaleinkommens für die Entwicklung der Produktivität auf der Grundlage der neuesten Technik verwandt. Ein wichtiges ökonomisches Problem, das in diesem Zusammenhang in unserer Volkswirtschaft gelöst werden muß, ist der Effekt der Investitionen. Hier steht vor allem die Frage der billigeren Herstellung der neuen Produktionsanlagen, der Vermeidung überflüssiger Konstruktionskosten, der Senkung der Baukosten auf allen Gebieten. So hat z. B. eine sorgfältige Nachprüfung der Investitionspläne in der Kohlenindustrie ergeben, daß von 200 Millionen DM sofort 66 Millionen freigestellt werden konnten, ohne den Effekt der Investitionen herabzusetzen. Eine andere Aufgabe besteht darin, eine solche Investitionspolitik zu betreiben, daß die Neuanlagen möglichst rasch in Betrieb genommen werden können. Es ist volkswirtschaftlich verlustbringend und hemmt das Wachstum der Arbeitsproduktivität, wenn zu gleicher Zeit viele Investitionsvorhaben auf lange Frist in Angriff genommen werden, die dann manchmal jahrelang unfertig liegenbleiben. Unsere Wirtschaftler haben dafür schon den Ausdruck „Investionsruinen“ erfunden, in dem eine bittere, aber berechtigte Kritik unserer Investitionspolitik liegt. Es muß also erreicht werden, daß relativ wenige Investitionsvorhaben in kurzer Zeit zu Ende geführt und in Betrieb genommen werden. Das gilt nicht nur für die Industrie, sondern für alle Investitionen.

Ein anderes wichtiges Mittel für die Erhöhung der Arbeitsproduktivität ist die Verbesserung der Arbeitsorganisation in den Betrieben, besonders der Materiallieferung und der Zusammenarbeit kooperierter Betriebe. Stoßweise Produktion senkt die Arbeitsproduktivität. Die bisher häufig geübte Praxis, den Plan am Monats-, Quartals- oder Jahresende mit vielen Überstunden zu erfüllen und dann am Anfang der nächsten Periode die Produktion wegen Materialmangels zu strecken, ist ein ernsthaftes Hindernis für das Wachstum der Arbeitsproduktivität. Mit der beschlossenen Vereinfachung der Planung haben die Betriebe nun auch die Möglichkeit erhalten, einen ständigen störungsfreien Fluß der Produktion zu erlangen.

Verbesserte Technik und Arbeitsorganisation ist jedoch nichts ohne den Menschen, der diese Technik und Organisation beherrscht. Nicht zufällig nennt MARX unter den Faktoren, welche die Produktivkraft der Arbeit bestimmen, an erster Stelle den Durchschnittsgrad der Geschicklichkeit der Arbeiter. Die fachlichen Kenntnisse der Arbeiter wie überhaupt das kulturelle Niveau der Massen sind wichtige Elemente der Bestimmung der Arbeitsproduktivität. Nicht zuletzt ist das Wachstum der Arbeitsproduktivität eine Angelegenheit des Bewußtseins der werktätigen Massen. Das neue Bewußtsein der Werktätigen findet seinen Ausdruck in der breiten Bewegung des sozialistischen Wettbewerbes zur Erfüllung der Produktionspläne, zur Steigerung der Arbeitsleistung, zur Senkung der Selbstkosten, zur Verbesserung der Qualität usw. Der sozialistische Wettbewerb ist der wichtigste Hebel zur Entwicklung der Produktivkraft der Arbeit. Allerdings darf der Wettbewerb nicht auf die Erfüllung des Produktionsplanes beschränkt bleiben, sondern er muß auch die sogenannten qualitativen Kennziffern des Planes einbeziehen, die Qualität der Produktion, die Senkung der Selbstkosten und die Steigerung der Rentabilität. Ein Fehler in der bisherigen Arbeit besteht auch darin, daß der Wettbewerb häufig durch Selbstverpflichtungen ersetzt wurde, deren Verwirklichung in den seltensten Fällen kontrolliert worden ist. Selbstverpflichtungen sind noch kein Wettbewerb. Es kommt darauf an, einen wirklichen Wettbewerb mit konkreten Verpflichtungen von Betrieb zu Betrieb, von Brigade zu Brigade und vor allem von Mann zu Mann zu organisieren und gleichzeitig eine strenge Kontrolle festzulegen.

Für die Steigerung der Arbeitsproduktivität sind die Arbeitsnormen von großer Bedeutung. Der Sinn fortschrittlicher technisch begründeter Arbeitsnormen besteht ja gerade darin, den Arbeiter materiell an der Steigerung der Arbeitsproduktivität zu interessieren. Durch die Organisierung der kameradschaftlichen Hilfe soll erreicht werden, daß alle Arbeiter die festgelegte Norm erfüllen und etwas überbieten, damit dadurch eine allgemeine Steigerung der Produktivität erzielt wird. Die Festlegung technisch begründeter fortschrittlicher Arbeitsnormen ist also nicht nur für eine genaue Arbeitskräfteplanung notwendig, sie ist zugleich auch die Voraussetzung für die Ausnutzung des Gesetzes des stetigen Wachstums der Arbeitsproduktivität. Unrichtige, zu „weiche" Arbeitsnormen hemmen trotz technischer Entwicklung die Wirkung dieses Gesetzes. Wenn in einzelnen Industriezweigen, wie z. B. im Auto- und Traktorenbau, die durchschnittliche Erfüllung der Arbeitsnormen 140 bis 150 Prozent beträgt, so kann ohne jede nähere Analyse gesagt werden, daß hier die Normen nicht in Ordnung sind. Übrigens weist die durchschnittliche Normerfüllung in den einzelnen Industriezweigen ein sehr buntes Bild auf. Sie beträgt in der Genußmittelindustrie 105 bis 110 Prozent und im Elektro- und Werkzeugmaschinenbau 135 bis 145 Prozent. Dabei ist zu beachten, daß es sich hier um Durchschnittszahlen der Industriezweige handelt. Es gibt dabei noch sehr große Unterschiede zwischen den einzelnen Betrieben und innerhalb der Betriebe zwischen den einzelnen Abteilungen. Auch diese Unterschiede weisen darauf hin, daß die Arbeitsnormen bei uns immer noch nicht in Ordnung sind.

Eine Ursache für diesen Zustand ist darin zu suchen, daß es in unserer sozialistischen Industrie noch immer zu wenig technisch begründete Arbeitsnormen gibt. Im Bereich des Ministeriums für Maschinenbau gab es Ende 1954 nur 26 Prozent technisch begründete Arbeitsnormen. Im Bereich des Ministeriums für Schwerindustrie gab es Ende 1954 36 Prozent technisch begründete Arbeitsnormen und 31 Prozent Vorgabezeit-Normen. Auch in diesem Ministerium gibt es Betriebe mit einer durchschnittlichen Normenerfüllung von 150 bis 165 Prozent. Auf dem 21. Plenum des ZK der Sozialistischen Einheitspartei Deutschlands wurde nochmals unterstrichen, daß die Ausarbeitung technisch begründeter Arbeitsnormen eine Voraussetzung für die Erhöhung der Rentabilität ist.

Eine andere Ursache für die vielfach übermäßig hohe Überbietung der Normen besteht auch darin, daß keine genaue

Kontrolle der für die Normenerfüllung tatsächlich aufgewandten Arbeitszeit vorhanden ist. Es kommt nicht selten vor, daß Arbeitszeit, in der tatsächlich an der Normenerfüllung gearbeitet wird, als Wartestunden aufgeschrieben wird, so daß die Normenerfüllung, auf eine zu kurze Zeit berechnet, übermäßig ansteigt. Diese „Normenschaukelei", die ein ernsthaftes Hindernis für die Steigerung der Arbeitsproduktivität ist, muß rasch durch eine strenge Kontrolle, besonders seitens der Meister, überwunden werden.

Es wäre also falsch, die Steigerung der Arbeitsproduktivität nur von der Einführung einer neuen Technik abhängig zu machen. Sie kann und muß auch durch die bessere Ausnutzung der vorhandenen Technik und besonders durch die bessere Ausnutzung der Arbeitszeit erreicht werden. Gerade auf diesem Gebiete haben wir in unserer volkseigenen Wirtschaft noch riesige Reserven schlummern. Die Erhöhung der Arbeitsdisziplin, die Bekämpfung des Bummelantentums, die Vermehrung der Anzahl der Produktionsarbeiter gegenüber den Angestellten bieten hier große Möglichkeiten. Allein die Einschränkung der Verwendung von Arbeitszeit für alle möglichen nicht mit der Produktion zusammenhängenden Arbeiten kann eine bedeutende Erhöhung der Arbeitsproduktivität bringen.

Um einen wirksamen Kampf um die Steigerung der Arbeitsproduktivität führen zu können, ist ihre einigermaßen genaue Messung notwendig. Am einfachsten und sichersten ist natürlich die Messung in Gebrauchswerten. Wenn z. B. im Hydrierwerk Zeitz die Produktion von Leichtöl pro Produktionsarbeiter im Jahre 1950 115,6 t betrug und im Jahre 1954 166,6 t, so haben wir eine eindeutige Steigerung um 44,1 Prozent. Viel komplizierter ist die Sache aber im Maschinenbau, wo ein verschiedenartiges Sortiment von Maschinen und Geräten erzeugt wird, und noch komplizierter in der ganzen Volkswirtschaft. Hier erfolgt die Berechnung der Arbeitsproduktivität durch die Division der Bruttoproduktion in Meßwerten durch die Anzahl der Beschäftigten in der jeweiligen Gruppe. Diese Berechnungsart enthält zumindest zwei Unsicherheitsfaktoren. Erstens ist der Begriff Bruttoproduktion durchaus nicht klar. Es hat darüber im Jahre 1953 eine Diskussion stattgefunden, in der zwar viel mit schwerer Artillerie geschossen wurde[1]), aber das Problem ist noch keineswegs geklärt worden. Zweitens wurde bereits nachgewiesen, daß die gegen-

[1]) Siehe MARGARETE SCHMIDT, „Probleme bei der Ermittlung der industriellen Bruttoproduktion", Diskussionsbeiträge zu Wirtschaftsfragen, Heft 12, S. 27 ff.

wärtig bestehenden Meßwerte alles andere als glaubwürdige Zeugen sind. Somit ergibt sich, daß die Zahlen über die Entwicklung der Arbeitsproduktivität in der sozialistischen Industrie, mit denen wir operieren, keine sehr überzeugende Beweiskraft besitzen. Auch auf diesem Gebiet ist eine sehr rasche Verbesserung der Messungsmethoden notwendig. Unsere Wirtschaftswissenschaftler haben in den letzten Jahren gerade auf diesem Gebiete eine gute theoretische Vorarbeit geleistet, so daß meines Erachtens durchaus die Möglichkeit besteht, bald zu besseren Methoden überzugehen.

Das ökonomische Gesetz des stetigen Wachstums der Arbeitsproduktivität ist ein Gesetz der sozialistischen Produktionsweise. Das heißt unter unseren Bedingungen der Übergangsperiode aber nicht, daß dieses Gesetz nur im sozialistischen Sektor unserer Volkswirtschaft wirkt. Dank der großzügigen Hilfe der Arbeiterklasse und der sozialistischen Industrie übt dieses Gesetz seine Wirkung auch bereits auf den Sektor der kleinen Warenproduktion, zumindest in der Landwirtschaft, aus. Unter unseren Bedingungen ist es auch dem Einzelbauern in seiner Privatwirtschaft möglich, durch allseitige Ausnutzung der staatlichen Hilfe die Produktivität seiner Arbeit stetig zu erhöhen, und es ist unsere Aufgabe, ihm dabei mit allen Mitteln zu helfen. Selbstverständlich kann das Gesetz in diesem Sektor nicht so voll zur Auswirkung kommen wie im sozialistischen, aber seine Ausnutzung in der kleinen Bauernwirtschaft und die dabei zutage tretenden Grenzen der Kleinwirtschaft werden ein weiteres Mittel sein, die Einzelbauern von den Vorteilen der sozialistischen Großwirtschaft zu überzeugen.

Die zunehmende Wirkung des Gesetzes des stetigen Wachstums der Arbeitsproduktivität in der DDR ist ein weiterer positiver Faktor in unserem nationalen Kampfe um die Wiederherstellung der Einheit Deutschlands. Während in Westdeutschland die Erhöhung der Ausbeutung durch Intensivierung der Arbeit das Hauptmittel für die Steigerung der Arbeitsproduktivität ist, während diese Steigerung dort sehr ungleichmäßig vor sich geht und von einer Verschlechterung der Lage der Massen begleitet ist, haben wir in der DDR eine allmähliche, stetige Steigerung der Arbeitsproduktivität auf der Grundlage einer neuen Technik, besserer Produktionsmethoden und des kulturellen und fachlichen Wachstums der Arbeiter, wobei sich die Lage der Werktätigen ständig verbessert. Auch darin kommt die Überlegenheit unserer neuen Produktionsverhältnisse zum Ausdruck.

Die neuen sozialistischen Produktionsverhältnisse, die in der Übergangsperiode entstehen und sich ausdehnen, rufen auch neue

Verteilungsverhältnisse ins Leben. Es entwickelt sich das ökonomische *Gesetz der Verteilung nach Arbeitsleistung*, das zur Grundlage der Lohnpolitik im sozialistischen Sektor der Wirtschaft wird. Dabei wird das Prinzip der materiellen Interessiertheit der Werktätigen an den Ergebnissen ihrer Arbeit ausgenutzt. Im Lehrbuch „Politische Ökonomie" heißt es:

> „Das *ökonomische Gesetz der Verteilung nach Arbeitsleistung* fordert: Verteilung der Produkte in direkter Abhängigkeit von der Quantität und Qualität der Arbeit eines jeden Werktätigen und gleichen Lohn für gleiche Arbeit unabhängig von Geschlecht, Alter, Rasse und Nationalität der Bürger der sozialistischen Gesellschaft."[1])

Die Anwendung dieses ökonomischen Gesetzes des Sozialismus beruht darauf, daß die Arbeitskraft im volkseigenen Sektor ihren Warencharakter verloren hat und die Ausbeutung des Menschen durch den Menschen beseitigt ist. Der Lohn wird zu dem in Geld ausgedrückten Anteil am Gesamtprodukt der Gesellschaft, der entsprechend der Arbeitsleistung an die Werktätigen zum individuellen Verbrauch verteilt wird. Die Geldform des Lohnes ist notwendig, damit die Löhne entsprechend der Leistung genügend differenziert werden können. Der Arbeitslohn hat im sozialistischen Sektor verschiedene Formen, wie Stücklohn, Zeitlohn, Prämien, die alle dem Prinzip der Verteilung nach Arbeitsleistung entsprechen oder entsprechen sollten. HARRY MATTHES hat in seiner Schrift „Das Leistungsprinzip als Grundlage der Entlohnung in der volkseigenen Wirtschaft" deshalb vorgeschlagen, den Begriff „Leistungslohn" nicht mehr in dem bisher gebräuchlichen Sinne des Unterschieds zum Zeitlohn und Prämienlohn anzuwenden, sondern damit „das veränderte Wesen des Lohnes in der volkseigenen Wirtschaft auszudrücken".[2]) Obwohl dieser Vorschlag vom theoretischen Standpunkt aus etwas für sich hat, weil der Arbeitslohn im Sozialismus einen prinzipiell anderen Charakter trägt als im Kapitalismus, halte ich den Vorschlag von MATTHES nicht für brauchbar, weil er den Unterschied zwischen den verschiedenen Lohnformen im Sozialismus verwischt, der gerade für die Ausnutzung des Gesetzes der Verteilung nach Arbeitsleistung sehr wichtig ist. Diese Verwischung geschieht aber, wenn MATTHES erklärt, „die niedrigste Form der Entlohnung nach Leistung ist

[1]) „Politische Ökonomie", Lehrbuch, S. 491 u. 492.

[2]) HARRY MATTHES, „Das Leistungsprinzip als Grundlage der Entlohnung in der volkseigenen Wirtschaft", Berlin 1954, S. 7, auch S. 80, 153.

der Zeitlohn".[1]) Gewiß, der Zeitlohn sollte dies sein, ist es aber unter unseren Bedingungen noch nicht. Die Hauptaufgabe in der Entwicklung unseres Lohnsystems besteht doch gerade darin, den Zeitlohn soweit als möglich durch den Stücklohn zu ersetzen, der bei uns als der eigentliche Leistungslohn bezeichnet wird. Unter diesen Umständen den Zeitlohn zum Leistungslohn zu erklären, das würde nur Verwirrung stiften und von der Hauptaufgabe ablenken.

Bei der Charakterisierung des Arbeitslohnes in der Übergangsperiode ist zu berücksichtigen, daß das Gesetz der Verteilung nach Arbeitsleistung auch im sozialistischen Sektor nicht mit einem Schlage verwirklicht werden kann, weil ja ein altes Lohnsystem besteht, das meist das Ergebnis eines jahrzehntelangen Klassenkampfes ist und nicht mit einem Male über den Haufen geworfen werden kann. So schleppen wir in der volkseigenen Wirtschaft als ein Erbe des Kapitalismus noch Reste des alten Ortsklassensystems mit herum, die offenkundig dem Gesetz der Verteilung nach Arbeitsleistung widersprechen, aber nur allmählich beseitigt werden können. Und auch die Grundlagen für die volle Ausnutzung des Gesetzes der Verteilung nach Arbeitsleistung, die prinzipiell klar sind, können nur allmählich, Schritt für Schritt, geschaffen werden.

Die Differenzierung der Arbeitslöhne entsprechend der Qualifikation, der Schwere und der Verantwortlichkeit der Arbeit sowie der volkswirtschaftlichen Bedeutung der einzelnen Produktionszweige erfolgt durch das Tarifsystem und die Lohngruppen. Damit diese Differenzierung wirklich dem Gesetz der Verteilung nach Arbeitsleistung entspricht, ist die Einführung von Lohngruppenkatalogen notwendig, in denen die Arbeitsmerkmale für die einzelnen Lohngruppen genau festgelegt werden. Da wir erst in diesem Jahre mit der allmählichen Einführung der Wirtschaftszweig-Lohngruppenkataloge beginnen können, besteht gegenwärtig in unserer volkseigenen Wirtschaft noch eine Lohngruppen-Einstufung, die häufig dem Gesetz der Verteilung nach Arbeitsleistung widerspricht.

Auf der Grundlage der Lohngruppenkataloge müssen die Tarifgrundlöhne für jede Lohngruppe in den einzelnen Wirtschaftszweigen unter Berücksichtigung der notwendigen Differenzierung festgelegt werden. Auch in dieser Beziehung gibt es in unserer Wirtschaft noch viele Verstöße gegen das Gesetz der Verteilung nach Arbeitsleistung, besonders in der Entlohnung der kaufmännischen und technischen Angestellten, für die es keine einheit-

[1]) Ebenda, S. 80.

lichen, konkreten Tätigkeitsmerkmale gibt und die Zahl der Gehaltsgruppen in den einzelnen Wirtschaftszweigen zwischen 4 und 14 variiert! In der Praxis werden die Gehälter daher nicht selten ganz willkürlich festgesetzt.

Im völligen Gegensatz zum Leistungsprinzip ist es heute vielfach so, daß die durchschnittlichen Leistungslöhne der Arbeiter in den höheren Lohngruppen größer sind als die Gehälter der Meister, in deren Bereich diese Arbeiter beschäftigt sind.

Auch die Differenzierung zwischen den einzelnen Lohngruppen ist in einigen Industriezweigen nicht in Ordnung, so besonders, wie MATTHES nachweist, im Bau und in der Papierherstellung. In der Bauwirtschaft beträgt z. B. die Differenz zwischen den Lohngruppen V und VI 24 Pfennig, dagegen zwischen den Lohngruppen VII und VIII nur 6 Pfennig. Ähnliche Erscheinungen haben wir in der Papierherstellung, in der Feinkeramik und der Glasindustrie.[1])

Sind die Grundlagen für die richtige Ausnutzung des Gesetzes der Verteilung nach Arbeitsleistung gegeben, dann können auch die konkreten Bedingungen in den Betriebskollektivverträgen so festgelegt werden, daß sie den Erfordernissen dieses Gesetzes entsprechen.

Der tatsächliche Verdienst eines im Leistungslohn stehenden Arbeiters ergibt sich jedoch nicht nur aus seinem Tarifgrundlohn entsprechend seiner Lohngruppe, sondern auch aus der Erfüllung seiner Arbeitsnorm. Und von hier aus kann, selbst wenn das Tarifsystem völlig in Ordnung ist, eine Verletzung des Gesetzes der Verteilung nach Arbeitsleistung erfolgen, wenn die Normen nicht in Ordnung sind. Nach der Lohnerhöhung für die Lohngruppen I bis IV im Jahre 1953 hatten wir in der papiererzeugenden Industrie zu verzeichnen, daß die Arbeiter der Lohngruppen III und IV infolge höherer Normenerfüllung mehr Lohn erhielten als die Arbeiter der Lohngruppen V und VI, die — da sie an den großen Papiermaschinen arbeiten — ihre Normen nur um ein geringes überbieten konnten. Um also das Gesetz der Verteilung nach Arbeitsleistung nicht zu verletzen, muß ständig die Erfüllung der Normen in den einzelnen Lohngruppen beobachtet werden.

Die Arbeitsnormen haben nicht die volkswirtschaftliche Funktion der Differenzierung der Arbeitslöhne nach Qualitätsmerkmalen der Arbeit. Das geschieht durch das Tarifsystem. Die Arbeitsnormen bezwecken, den Lohn möglichst genau nach der Quantität und der Qualität der tatsächlich geleisteten Arbeit des einzelnen Arbeiters zu differenzieren und einen Ansporn für die

[1]) Siehe HARRY MATTHES, a. a. O. S. 73.

Steigerung der Arbeitsproduktivität zu geben. Dabei ist achtzugeben, daß die im Tarifsystem festgelegte Differenzierung durch falsche Normen nicht in ihr Gegenteil verkehrt wird. Bei der Kontrolle der Normenerfüllung ist besonders zu beachten, daß auch die Qualität der Produkte den festgesetzten Bedingungen entspricht.

Wie schon erwähnt, wird in den Fällen, wo ein Stücklohn nach Arbeitsnormen nicht möglich ist, der Zeitlohn durch Prämien ergänzt. Auch dabei wurde in der Vergangenheit das Leistungsprinzip häufig verletzt, indem die Quartalsprämien schematisch nach den Stellenplänen ohne jede Berücksichtigung der tatsächlichen Leistung verteilt wurden. Durch den Beschluß des Ministerrats über die Prämienzahlung für das ingenieur-technische Personal, für die Meister und für das leitende kaufmännische Personal in den volkseigenen Betrieben vom 17. Februar 1955 soll auch in dieser Beziehung dem Gesetz der Verteilung nach Arbeitsleistung künftig besser Rechnung getragen werden.

Die Durchsetzung des Gesetzes der Verteilung nach Arbeitsleistung erfordert den entschiedenen Kampf gegen jede Gleichmacherei, damit jeder wirklich entsprechend seiner Leistung erhält. Sie erfordert aber auch entschieden eine richtige Differenzierung der Löhne und Gehälter, sie erfordert gleichen Lohn für gleiche Leistung und höheren Lohn für höhere Leistung. Und dieses Erfordernis wird, wie ich gezeigt habe, in unseren volkseigenen Betrieben häufig mißachtet. Es ist zum Beispiel ganz unzulässig, daß es im gleichen Betrieb für gleiche Arbeit verschiedene Normen gibt, weil eine fortschrittliche Brigade eine „freiwillige Normenerhöhung" beschlossen hat. Wenn Normen geändert werden, so muß dies für alle geschehen, die die gleiche Arbeit verrichten.

Völlig verwirklicht ist in unserer volkseigenen Wirtschaft das Prinzip gleicher Lohn für gleiche Arbeit, unabhängig von Geschlecht, Alter, Rasse und Nationalität.

Zwischen den Arbeitslöhnen und der Arbeitsproduktivität besteht ein enges Wechselverhältnis. Das stetige Wachstum der Arbeitsproduktivität ist die Grundlage für die stetige Erhöhung des Lohnes. Das Verhältnis muß jedoch stets so sein, daß die Arbeitsproduktivität schneller steigt als der Lohn, sonst kann sich die sozialistische Gesellschaft nicht entwickeln.

Wie steht es nun mit dem Arbeitslohn in den privatkapitalistischen Betrieben in der Deutschen Demokratischen Republik? Die Arbeiter in diesen Betrieben haben eine besondere Stellung, die nur aus den Bedingungen der Übergangsperiode verstanden werden kann. Einerseits gehören diese Arbeiter der herrschenden Arbeiterklasse an und sind Miteigentümer der gesellschaftlichen Produktionsmittel. Andererseits verkaufen sie jedoch ihre Arbeitskraft als Ware an den Privatunternehmer, werden ausgebeutet und erzeugen Mehrwert. Zuweilen wird bestritten, daß die Arbeiter im kapitalistischen Sektor ihre Arbeitskraft noch als Ware verkaufen, aber das heißt den kapitalistischen Charakter dieses Sektors bestreiten, denn der Kauf von Arbeitskraft als Ware ist die entscheidende Bedingung für die Verwandlung von Geld in Kapital.[1]) Aber obwohl die Arbeitskraft in diesem Sektor noch eine Ware ist, wird ihr Preis, der Arbeitslohn, nicht mehr durch das kapitalistische Lohngesetz bestimmt, sondern ist der Einwirkung der neuen gesellschaftlichen Verhältnisse unterworfen. Da es in der DDR keine industrielle Reservearmee und keine zyklische Entwicklung mehr gibt, sind für die Bestimmung der Löhne im privatkapitalistischen Sektor neue ökonomische Bedingungen entstanden. Auch in diese Löhne geht, wie MARX sagte, ein moralisches und historisches Moment ein. Die Lohnverhältnisse im sozialistischen Sektor, die gesetzlichen Bestimmungen des Arbeiter-und-Bauernstaates und schließlich die Kraft der Gewerkschaften, die in der DDR den Forderungen der Arbeiter Geltung zu verschaffen vermögen, üben einen großen Einfluß auf die Löhne im kapitalistischen Sektor aus. Daher liegen die Löhne in der Privatindustrie auch nur wenig unter den Löhnen in den entsprechenden volkseigenen Betrieben. Was aber die Reallöhne anbelangt, so haben die in der privaten Industrie Beschäftigten von den Preissenkungen usw. die gleichen Vorteile wie alle anderen Bevölkerungskreise. Das kapitalistische Gesetz der Verelendung hat in der Deutschen Demokratischen Republik auch im kapitalistischen Sektor seine Wirkung verloren.[2])

In der Landwirtschaft wird das Gesetz der Verteilung nach Arbeitsleistung in den Landwirtschaftlichen Produktionsgenossenschaften angewandt, indem der größte Teil des Ertrages, bei Typ III 80 Prozent, entsprechend den geleisteten Arbeitseinheiten an die Genossenschaftsmitglieder verteilt wird. In die Erträge der Genossenschaften geht auch noch eine Differentialrente ein, die sich aus der verschiedenen Fruchtbarkeit oder der günstigen

[1]) Vgl. hierzu auch „Politische Ökonomie", Lehrbuch, S. 371.

[2]) Durch die Beteiligung des Arbeiter-und-Bauernstaates an einzelnen Privatunternehmen ist auch für die Arbeiter in diesen Betrieben eine andere Lage entstanden, die ebenfalls noch ökonomisch analysiert werden muß. (Zur zweiten Auflage.)

Lage des Bodens ergibt (Differentialrente I) oder aus zusätzlichen Kapitalanlagen (Differentialrente II). Ein Teil der Differentialrente wird mittels der differenzierten Pflichtablieferung nach Bodenklassen vom Staate abgeschöpft. Auf Grund des noch bestehenden Privateigentums an Grund und Boden gibt es in der DDR auch noch eine Form der absoluten Grundrente, die in den Landwirtschaftlichen Produktionsgenossenschaften entsprechend den eingebrachten Bodenanteilen verteilt wird. Das Fortbestehen der absoluten Grundrente in der DDR ist unmittelbar mit dem Fortbestehen des Privateigentums am Boden verbunden und stellt angesichts der Kompliziertheit der Preisbildung für landwirtschaftliche Produkte ein schwieriges ökonomisches Problem dar, das eine gründliche wissenschaftliche Analyse erfordert. Sicherlich ist die Sache nicht so einfach, wie sie Hans Borchert dargestellt hat, der aus dem Fortfall der Trennung von Grundeigentum und unmittelbarem Produzenten den Fortfall der absoluten Grundrente in den bäuerlichen Wirtschaften schlußfolgert.[1]) Auf jeden Fall ist die Grundrente in der DDR prinzipiell verschieden von der kapitalistischen Grundrente, die Marx analysiert hat. Ihren spezifischen sozialen Inhalt aufzudecken, wäre die wichtigste Aufgabe einer theoretischen Untersuchung.

Die Entstehung und das Wirken des ökonomischen Gesetzes der Verteilung nach Arbeitsleistung in der Deutschen Demokratischen Republik, das die Grundlage für die ständige Verbesserung der Lage der werktätigen Massen bildet, ist ein weiterer Beweis für die Überlegenheit der neuen gesellschaftlichen Verhältnisse gegenüber den Verhältnissen des wiedererrichteten deutschen Imperialismus in Westdeutschland.

Eines der komplizierten Probleme der Übergangsperiode ist das *Nationaleinkommen*. Hier kann man sich nicht auf die Untersuchung des sozialistischen Sektors beschränken, weil sowohl an der Erzeugung wie an der Verteilung des Nationaleinkommens alle Sektoren beteiligt sind. Allgemein gesprochen stellt das Nationaleinkommen den Teil des gesellschaftlichen Gesamtproduktes dar, der nach Ersatz der verbrauchten Produktionsmittel verbleibt und die neuaufgewandte Arbeit verkörpert. Das Nationaleinkommen wird nur in der Sphäre der materiellen Produktion geschaffen. Die materielle Produktion erstreckt sich aber in der

---

[1]) Hans Borchert, „Die Grundrententheorie von Karl Marx und ihre Anwendung auf die verschiedenen ökonomischen Formationen", Wissenschaftliche Zeitschrift der Martin-Luther-Universität Halle-Wittenberg, 1952/53, Heft 6, S. 232.

Deutschen Demokratischen Republik über alle drei bestehenden Wirtschaftsformen. Daher setzt sich das Nationaleinkommen in der DDR aus folgenden Teilen zusammen:

im sozialistischen Sektor aus dem Produkt der Arbeit für sich und dem Produkt der Arbeit für die Gesellschaft,

im Sektor der kleinen Warenproduktion aus den Überschüssen der Bauern und Handwerker, soweit sie nicht Dienstleistungen entspringen.

im kapitalistischen Sektor aus dem variablen Kapital und dem Mehrwert.

Die Größe des Nationaleinkommens hängt vom Umfang der Produktion und dem Stand der Produktivität ab. Daher sind auch die Mittel zur Vergrößerung des Nationaleinkommens die Steigerung der Arbeitsproduktivität und die Vermehrung der Zahl der in der materiellen Produktion Beschäftigten. Im Sozialismus ist die Steigerung der Arbeitsproduktivität der entscheidende Faktor zur Vergrößerung des Nationaleinkommens.

Seiner Naturalgestalt nach zerfällt das Nationaleinkommen in den Konsumtionsfonds, der verzehrt wird, und den Akkumulationsfonds, der zur Erweiterung der Produktion oder anderen Investitionen dient.

Ein bedeutender Teil des Nationaleinkommens geht direkt in die Hände seiner unmittelbaren Produzenten über, und zwar gehen unter unseren gegenwärtigen Bedingungen die Löhne in die Hände der Arbeiter, die Überschüsse in die Hände der Bauern und Handwerker und die Profite in die Hände der Kapitalisten. Ein Teil dieser Einkommen fließt in Form von Steuern und Abgaben dem Staate zu. Außerdem fließen dem Staat Gewinne der sozialistischen Betriebe zu.

Der Teil des Nationaleinkommens, der in den Händen des Arbeiter-und-Bauernstaates konzentriert ist, wird entsprechend dem ökonomischen Grundgesetz des Sozialismus durch die Beschlüsse der Partei und Regierung verteilt. Dabei ist jedoch zu beachten, daß auch der in den Händen der unmittelbaren Produzenten verbleibende Anteil des Nationaleinkommens durch die Lohn-, Preis- und Steuerpolitik von der zentralen Verteilung erfaßt wird.

Das wichtigste Instrument zur Verteilung des Nationaleinkommens ist der Staatshaushalt. Seine Haupteinnahmequellen sind 1. die Ergebnisse der sozialistischen Unternehmungen, die entweder als Produktionsabgabe oder als Gewinnabführung in den Staatshaushalt fließen, also das zentralisierte Reineinkommen des

Staates, und 2. die von den anderen Sektoren und der Bevölkerung aufgebrachten Steuern und Abgaben.

Die Hauptaufgaben des Staatshaushaltes umfassen die Finanzierung der Volkswirtschaft, der sozialen und kulturellen Maßnahmen, der Verwaltung und des Schutzes der Heimat.

In der letzten Zeit wurden in der DDR einige wichtige Veränderungen auf finanzpolitischem Gebiet durchgeführt, um zur Erhöhung der Rentabilität der Betriebe anzuspornen. Diese Veränderungen betreffen: Erstens die Einführung der an das Produkt gebundenen differenzierten Produktionsabgabe, besonders in der Konsumgüterindustrie, die das Ziel verfolgt, die Herstellung jedes Produkts rentabel zu machen und die Abführung dieses Teils des Produkts für die Gesellschaft an den Staat zu beschleunigen. Zweitens die Belassung eines anderen Teiles des Produktes für die Gesellschaft als Reineinkommen (Gewinn) des Betriebes im Betriebe selbst zur Durchführung seiner Investitionsaufgaben, zur Auffüllung der Umlaufmittel und für die Zuführung an den Direktorfonds, um die gesamte Belegschaft an der Erfüllung des Gewinnplanes materiell zu interessieren.

Im sozialistischen Sektor, der eng mit dem Staatshaushalt verbunden ist, besteht das sozialistische Finanzsystem. Es ergibt sich daraus, daß die Produktionsergebnisse aller sozialistischen Betriebe in Wertform ausgedrückt werden. Das sozialistische Finanzsystem stellt ein weitverzweigtes System der planmäßigen Bildung und Verteilung von Geldfonds dar. Daraus ergibt sich die Möglichkeit und Notwendigkeit der Finanzkontrolle, der Kontrolle durch die Mark. Diese Kontrolle wird im Betrieb durch das Rechnungswesen verwirklicht, indem Aufwendungen und Ertrag gegenübergestellt werden, um die Kosten je Produkt zu ermitteln und die Plankosten mit den tatsächlichen Kosten zu vergleichen. Für diese Kontrolle durch die Mark im Betrieb trägt vor allem der Hauptbuchhalter die Verantwortung. Ferner geschieht die Finanzkontrolle im Vertragssystem durch die gegenseitige Kontrolle. Weiter übt die Deutsche Notenbank mittels der kurzfristigen Kredite, des Bargeldumlaufs und der bargeldlosen Verrechnungen eine Finanzkontrolle aus. Indem die Notenbank die Finanztätigkeit der Betriebe kontrolliert, ist sie in der Lage, auftretende Schwierigkeiten im Produktionsablauf rasch zu entdecken. Ein weiteres Kontrollinstrument sind die Finanzorgane des Staates, die die Bewegung der Umlaufmittel und die Rentabilität kontrollieren, und schließlich kontrolliert die Deutsche Investitionsbank die Investitionsaufwendungen und den Amortisationsfonds.

Der Kredit ist ein wichtiges Mittel zur Förderung der sozialistischen Produktion. Seine Hauptfunktion besteht darin, alle sich aus dem Kreislauf der gesellschaftlichen Fonds ergebenden zeitweilig freien Mittel zu mobilisieren und im Interesse der sozialistischen Reproduktion zu verteilen. Damit wird der Kredit zu einem wichtigen Instrument für die Kontrolle über die Erfüllung der im Volkswirtschaftsplan festgelegten Aufgaben.

Im sozialistischen Sektor wird die Finanzkontrolle im Betrieb, durch die Organe des Ministeriums, durch den Staatshaushalt und durch die Notenbank also unmittelbar ausgeübt. Aber auch diese Kontrolle wird ungenügend bleiben, wenn sie nicht zur Angelegenheit der werktätigen Massen gemacht wird. Darum forderte WALTER ULBRICHT auf dem 21. Plenum des ZK der Sozialistischen Einheitspartei Deutschlands, daß die Partei- und Gewerkschaftsorganisationen in den Betrieben sich nicht nur mit der Erfüllung des Produktionsplanes beschäftigen, sondern auch die Einhaltung des Finanzplanes kontrollieren. Die erwähnten neuen Maßnahmen auf finanzpolitischem Gebiet sichern die unmittelbare materielle Interessiertheit der Werktätigen an der Erfüllung des Finanzplanes. Die Aufgabe, an der auch die Wirtschaftswissenschaftler mitarbeiten müssen, besteht jetzt darin, den Werktätigen zu helfen, diese finanzpolitischen Probleme richtig zu verstehen.

In den beiden privatwirtschaftlichen Sektoren kann die Kontrolle durch die Mark nur eine mittelbare sein. Neben der Kontrolle durch die staatliche Abgabenverwaltung hat die Notenbank eine gewisse Kontrollmöglichkeit dadurch, daß alle Betriebe mit einem Jahresumsatz über 20000 DM verpflichtet sind, ein Bankkonto zu halten und von ihrer Bank ein Kassenlimit für Bargeld erhalten. Alle Mittel über dieses Limit hinaus sind an die Bank abzuführen. Die Einhaltung dieser Bestimmung wird durch die Staatsbank kontrolliert.

Eine weitere Kontrolle der privaten Betriebe erfolgt durch den kurzfristigen Kredit, den diese Betriebe für ihre Produktion und Zirkulation in beträchtlichem Umfang beanspruchen. Die Gewährung dieser Kredite ist an bestimmte Bedingungen gebunden — volkswirtschaftliche Zweckmäßigkeit der Produktion, Zweckgebundenheit des Kredits, Sicherung, fristgemäße Rückzahlung u. a. — und die Einhaltung dieser Bedingungen wird von der Bank kontrolliert.

Am schwierigsten ist die Durchführung der Finanzkontrolle bei den kleinen Warenproduzenten, die nicht zur Kontenhaltung verpflichtet sind. Nur wenn diese Betriebe kurzfristige Kredite in Anspruch nehmen, kann eine Finanzkontrolle ausgeübt werden. Zwar erfolgt eine gewisse Kontrolle dieser Betriebe über die volkswirtschaftliche Planung, wie früher dargestellt wurde, jedoch wird durch diese Kontrolle das Finanzgebaren dieser Betriebe kaum erfaßt.

Die Verteilung des Nationaleinkommens hängt unmittelbar mit der Frage der *gesellschaftlichen Reproduktion* zusammen, denn die Aufteilung des Nationaleinkommens von gegebener Größe in Konsumtionsfonds und Akkumulationsfonds bestimmt unmittelbar das Tempo der Akkumulation, d. h. der Erweiterung der gesellschaftlichen Reproduktion. Die Lösung der Probleme der gesellschaftlichen Reproduktion ist nur auf der Grundlage der von MARX entwickelten Reproduktionstheorie möglich, der Einteilung der gesellschaftlichen Produktion in die Abteilungen I und II und die Notwendigkeit des Wert- und Stoffersatzes nach den von MARX entwickelten Gesetzen, auch wenn der Wert nur zur Kalkulation dient.

Das Hauptproblem der Reproduktionstheorie bleibt das Verhältnis der Produktionsmittelerzeugung (Abteilung I) zur Konsumtionsmittelerzeugung (Abteilung II). Das von MARX aufgestellte Gesetz der erweiterten Reproduktion, daß I $(v + m)$ größer sein muß als II $c$, gilt für jede erweiterte Reproduktion, für die kapitalistische wie für die kommunistische, und ebenso für die erweiterte Reproduktion in der Übergangsperiode. Dabei bleibt, wenn man von zeitweiligen Ausnahmen zur Behebung von Disproportionen absieht, auch das Gesetz in Kraft, daß bei erweiterter Reproduktion die Abteilung I, die Produktionsmittel herstellt, schneller wachsen muß als die Abteilung II.

Obwohl dieses Gesetz als Axiom des Marxismus gelten sollte, haben sich auch in der Deutschen Demokratischen Republik einige Ökonomen gefunden, die insbesondere im Zusammenhang mit der Einführung des Neuen Kurses dieses Gesetz in Abrede stellten und behaupteten, erweiterte Reproduktion sei auch möglich, wenn Abteilung II, die Konsumtionsmittelerzeugung, schneller wächst als Abteilung I.

Bereits im Jahre 1953 veröffentlichte HANS HESSEL eine Broschüre über „Die Bilanzierung in der Planung der Volkswirtschaft", die ein mangelndes Verständnis für die MARXsche Reproduktionstheorie verriet. Zunächst geht HESSEL nicht wie MARX von der Einteilung des Gesamtproduktes in die beiden Abteilungen aus, sondern von der Wertzusammensetzung aus $c+v+m$, und behandelt erst dann die beiden Abteilungen. In der Darstellung der Beziehungen zwischen den beiden Abteilungen ist bei HESSEL nicht die Abteilung I, sondern im Gegensatz zu MARX die Abteilung II führend. Schließlich kommt HESSEL zu dem Schluß,

> „daß die Entwicklungsproportion zwischen dem Wachstum der Abteilung I und dem Wachstum der Abteilung II so gestaltet sein muß, daß Abteilung I *zeitweise* schneller wächst als Abteilung II.[1])

Offenkundig soll dieses „zeitweise" bedeuten, daß in der Regel die Abteilung II schneller wachsen muß.

In der Zeitschrift „Wirtschaftswissenschaft" entwickelte HESSEL seine „Theorie" Ende vorigen Jahres weiter, indem er die Behauptung aufstellte:

> „Die Vorrangigkeit der Entwicklung von Abteilung I läßt durchaus ein schnelleres Wachstum von Abteilung II zu."[2])

Und an anderer Stelle resümiert er seine Darlegungen und schreibt:

> „Wir sehen also, daß es durchaus möglich ist, daß die Gesellschaft erweitert reproduziert und trotzdem Abteilung II schneller wächst als Abteilung I."[3])

Diese Auffassung von HANS HESSEL steht im krassen Widerspruch zu der marxistischen Reproduktionstheorie und entstellt die ökonomische Politik, die in der Deutschen Demokratischen Republik durchgeführt wird.

Im August 1954 begann in der Zeitschrift „Statistische Praxis" eine Diskussion über die erweiterte Reproduktion, die von Diplom-Ingenieur MARTIN SCHUPPE eröffnet wurde. SCHUPPE versuchte mit der These vom schnelleren Wachstum der Abteilung II die Dauerhaftigkeit des Neuen Kurses zu beweisen, wobei unvermeidlich die MARXsche Reproduktionstheorie auf den Kopf gestellt wurde. Er schrieb:

> „Auch dann, wenn Abteilung I ein geringeres Wachstumstempo aufweist als Abteilung II, ist durchaus noch eine erweiterte Reproduktion möglich. Es wird dabei zwar

[1]) HANS HESSEL, „Die Bilanzierung in der Planung der Volkswirtschaft", Diskussionsbeiträge zu Wirtschaftsfragen, Heft 11, S. 14 u. 15. (Von mir hervorgehoben. F. O.)

[2]) HANS HESSEL, „Zur Frage des Wachstums der beiden großen Abteilungen der gesellschaftlichen Produktion", Wirtschaftswissenschaft 1954, Heft 6, S. 643.

[3]) Ebenda, Heft 6, S. 643.

> auf jeden Fall die Akkumulationsrate entsprechend abnehmen..."[1])

SCHUPPE versucht seine Theorie mit vielen sehr komplizierten Berechnungen zu beweisen, die er allerdings nur auf zwei Produktionszyklen ausdehnt, ohne sich darüber Gedanken zu machen, wie lange denn die erweiterte Reproduktion vonstatten gehen kann, wenn die Akkumulationsrate abnimmt.

Mit einer Kritik an SCHUPPE tritt HERBERT WOLF in der gleichen Zeitschrift auf, der zwar die falsche These von SCHUPPE widerlegt, dabei aber selbst eine neue Variante der gleichen Theorie entwickelt. WOLF nennt die Ableitung des notwendigen schnelleren Wachstums der Abteilung I aus der erweiterten Reproduktion im allgemeinen eine Verflachung der MARXschen Reproduktionstheorie. Er meint, es müsse zwischen extensiver erweiterter Reproduktion (bei gleichbleibendem Stande der Arbeitsproduktivität) und intensiver erweiterter Reproduktion (bei Steigerung der Arbeitsproduktivität) unterschieden werden, und schreibt:

> „Dabei ist das Gesetz des schnelleren Wachstums der Produktion von Produktionsmitteln gegenüber der Produktion von Konsumtionsmitteln vollständig auf die intensive erweiterte Reproduktion begründet."[2])

Also ist ein rascheres Wachstum der Abteilung II möglich, man muß nur extensive erweiterte Reproduktion unterstellen! Diese These bestätigt WOLF noch einmal ausdrücklich im zweiten Teil seines Artikels, wo er es als unsinnig bezeichnet, daß bereits vom Standpunkt der extensiven erweiterten Reproduktion schnelleres Wachstum der Abteilung I erforderlich sei.[3]) Verwunderlich ist nur, daß WOLF dann am Schluß seines Artikels, im Februarheft, zu der bündigen Schlußfolgerung kommt, die auch ich unterschreibe:

> „Das schnellere Wachstum der Abteilung I stellt ein allgemeines ökonomisches Gesetz der erweiterten Reproduktion dar."[4])

Punkt. Basta! Kein Wort mehr von extensiver und intensiver erweiterter Reproduktion. Aber wäre das nicht auch eine „Verflachung des Marxismus"?

[1]) MARTIN SCHUPPE, „Zur Theorie der erweiterten Reproduktion", Statistische Praxis, 1954, Heft 8, S. 115; Fortsetzung und Schluß in Heft 9 und 10.

[2]) HERBERT WOLF, „Zu einigen aktuellen Fragen der marxistischen Theorie der erweiterten Reproduktion", Statistische Praxis, 1954, Heft 12, S. 178, Fortsetzung 1955, Heft 1 u. 2.

[3]) Statistische Praxis, 1955, Heft 1, S. 12.

[4]) Ebenda, 1955, Heft 2, S. 29.

Gehen wir zur Sache über, die sich ganz gut ohne Schema und lange Berechnungen erklären läßt. MARX hat im zweiten Bande des „Kapital" nachgewiesen, daß eine erweiterte Reproduktion nur dann möglich ist, wenn das Neuprodukt der Abteilung I größer ist als das konstante Kapital der Abteilung II — oder mit anderen Worten, wenn mehr Produktionsmittel erzeugt, als verbraucht werden. Produktionsmittel werden aber nur von Abteilung I erzeugt. Auch die Abteilung II kann doch überhaupt nur dann wachsen, wenn die Abteilung I ihr die nötigen Produktionsmittel liefert. Anders ist es überhaupt nicht möglich, denn die Abteilung I erzeugt doch nicht nur die Produktionsinstrumente, sondern auch die Roh- und Hilfsstoffe. Keiner der Ökonomen, die so eifrig das schnellere Wachstum der Abteilung II verfechten, hat sich auch nur die einfache Frage vorgelegt, wie denn die Abteilung II überhaupt wachsen soll, wenn sie von I nicht die dafür erforderlichen zusätzlichen Produktionsmittel erhält. Diese einfache Frage ist in den vielen Zahlen einfach untergegangen. WOLF hat ausgeknobelt, daß Abteilung II schneller wachsen kann, wenn in Abteilung I die Akkumulationsrate an Produktionsmitteln sinkt. Wie lange kann denn dann die Abteilung II noch auf Produktionsmittel rechnen? Und vor allem, was hat denn diese ganze Spielerei mit unserer Wirklichkeit zu tun?

Schließlich geht es doch nicht um die erweiterte Reproduktion in irgendeinem Sonnenstaat, sondern um die erweiterte Reproduktion in der Deutschen Demokratischen Republik, die sich in der Übergangsperiode vom Kapitalismus zum Sozialismus befindet. Wir arbeiten am Aufbau des Sozialismus, der nur auf der Grundlage der maschinellen Großproduktion errichtet werden kann, in der Industrie, wie in der Landwirtschaft und im Verkehr. Wir wollen das ökonomische Grundgesetz des Sozialismus verwirklichen, das die maximale Befriedigung der Bedürfnisse sichern soll durch das ununterbrochene Wachstum und die stetige Vervollkommnung der sozialistischen Produktion auf der Basis der höchstentwickelten Technik. Wie kann man angesichts einer solchen Aufgabe von einem schnelleren Wachstum der Abteilung II als Gesetz reden, ohne unsere ganze Politik über den Haufen zu werfen? Nur die Abteilung I, nur die Schwerindustrie, nur der Maschinenbau kann uns diese Technik liefern. Anders ist weder an den Sozialismus noch an eine Verbesserung der Konsumtion zu denken.

Außer diesem grundsätzlichen Fehler begehen HESSEL, SCHUPPE, WOLF auch noch eine Reihe methodologischer Fehler. Ihre Aufsätze sind mit den kompliziertesten Zahlenbeispielen und Schemata überladen, mit denen sie jeweils ihre These begründen wollen. Sie vergessen dabei, daß Zahlenbeispiele und Schemata niemals die ökonomische Analyse ersetzen können. Denn schließlich handelt es sich bei den ökonomischen Problemen um gesellschaftliche Beziehungen der Menschen untereinander. Die Geschichte der Reproduktionstheorie hätte sie davor warnen sollen, so mit Schemata zu jonglieren. Was ist mit dem Reproduktionsschema nicht schon für Unfug angerichtet worden! TUGAN-BARANOWSKY wies aus dem Schema nach, daß die Konsumtion überhaupt keine Rolle spielt, so daß die Sache schließlich auch noch funktionieren würde, wenn das variable Kapital bis auf einen Arbeiter zusammengeschmolzen ist. ROSA LUXEMBURG „bewies" im Gegensatz dazu aus dem Schema, daß der zu akkumulierende Mehrwert überhaupt nur im nichtkapitalistischen Mileu realisierbar ist und der Kapitalismus automatisch zusammenbricht, wenn dieses Mileu verschwindet. OTTO BAUER „bewies" ihr in einem Gegenschema, daß auch bei Berücksichtigung der von MARX außer acht gelassenen Faktoren alles wunderschön funktioniert, man muß das Schema nur richtig zusammenbauen. Und HENRYK GROSSMANN nimmt das BAUERsche Schema, rechnet es geduldig weiter und kommt zu dem haargenauen Schluß, daß die Kapitalisten im 35. Jahre nichts mehr zu verzehren haben und obendrein der Mehrwert für die Akkumulation nicht ausreicht, — also der Kapitalismus doch zusammenbrechen muß. Hat denn all dieser Unfug wirklich nicht ausgereicht, so daß einige unserer Ökonomen ihn um noch einige Perlen bereichern mußten? Sie hätten sich ihren sauren Schweiß ersparen können, wenn sie die Bemerkung von MARX beachtet hätten, der schrieb:

> „Schemata an und für sich können nichts beweisen; sie können nur einen Prozeß *illustrieren, wenn dessen einzelne Elemente theoretisch klargestellt sind.*"[1])

Der zweite methodologische Fehler der HESSEL, SCHUPPE usw. besteht darin, daß sie versuchen, aus dem Schema die konkreten Bedingungen der Reproduktion in der DDR zu bestimmen und dabei nicht beachten, daß erstens das gesellschaftliche Gesamtprodukt ja nicht zur Verteilung fertig da liegt, sondern daß es in derselben Produktionsperiode, in der es verteilt wird, auch produziert wird. Damit besteht die Möglichkeit, das Gesamtprodukt in *der* sachlichen Gestalt zu produzieren, die den gestellten

[1]) KARL MARX, „Das Kapital", Band II, S. 566.

Aufgaben der Produktion entspricht. Zweitens vergessen sie, daß die Zugehörigkeit der einzelnen Produktionszweige zu den Abteilungen I und II sehr bedingt ist, da sie ausschließlich von der Bestimmung des Produktes im Reproduktionsprozeß abhängt. Der Maschinenbau-Betrieb, der Traktoren herstellt, gehört zu Abteilung I. Er kann aber ohne große Schwierigkeiten auf die Erzeugung von Personenkraftwagen umgestellt werden, dann gehört er zu Abteilung II. Diese Tatsache gibt eine bestimmte Bewegungsfreiheit in der Festlegung der Proportionen, die in einem Schema niemals erfaßt werden kann.

Schließlich wurde bei der Diskussion völlig außer acht gelassen, daß MARX in seinem Reproduktionsschema die Bedingungen des Zirkulationsprozesses darstellt, während er seine Reproduktionstheorie zum Teil bereits im ersten Bande des „Kapital" entwickelt hat. Das wird bei der Betrachtung der Reproduktionstheorie sehr häufig vergessen. LENIN behandelt die Schemata ebenfalls stets unter dem Gesichtspunkt der Theorie der Märkte oder der Theorie der Realisation, also vom Standpunkt der Zirkulationstheorie, in die sie gehören.

Der größte Mangel in der geschilderten Diskussion besteht darin, daß sie von den Hauptfragen abgelenkt hat. Die Hauptfrage der Reproduktion besteht für uns aber darin, die Akkumulation und die Konsumtion ständig zu steigern, also das Volkseinkommen zu vergrößern. Unter diesem Gesichtswinkel werden solche Probleme wie die Arbeitsproduktivität, die Sparsamkeit, die Senkung der Selbstkosten, die Rentabilität zu aktuellen Fragen der erweiterten Reproduktion.

Weiter ist die Diskussion an der Tatsache vorübergegangen, daß wir uns in der Übergangsperiode vom Kapitalismus zum Sozialismus befinden, daß bei uns verschiedene Wirtschaftsformen bestehen, die alle an der gesellschaftlichen Reproduktion teilnehmen. Daher kann für uns die Aufgabe nicht nur darin bestehen, überhaupt die Reproduktion von Jahr zu Jahr zu erweitern, sondern wir müssen eine solche erweiterte Reproduktion durchführen, die zu einer Stärkung des sozialistischen Sektors führt. Wenn wir uns die Erfüllung des Volkswirtschaftsplans 1954 betrachten, dann sehen wir, daß gegenüber 1953 die industrielle Produktion gesteigert wurde:

| | |
|---|---|
| in der zentralgeleiteten volkseigenen Industrie um | 8,2% |
| in der örtlichen volkseigenen Industrie um | 15,0% |
| in den Genossenschaftsbetrieben um | 8,0% |
| in den privaten Industriebetrieben um | 18,0% |

Somit ergibt sich, daß die privatkapitalistischen Betriebe im vergangenen Jahre die größte prozentuale Erweiterung der Produktion aufweisen, während die genossenschaftlichen Industriebetriebe ihre Produktion am geringsten erweitert haben. Mir scheint, eine solche Lage entspricht nicht den Zielen, die wir uns gestellt haben. Selbstverständlich wird die private Wirtschaft auch in den kommenden Jahren wachsen. Wir müssen aber so arbeiten, daß bei einer allgemeinen Erweiterung der Reproduktion in der gesamten Volkswirtschaft die Reproduktion im sozialistischen Sektor sich am meisten erweitert. Und weiter müssen wir eine größere Erweiterung der Reproduktion in der gesamten Landwirtschaft erzielen, nicht nur in ihrem sozialistischen Sektor, sondern auch bei den Einzelbauern.

Die bevorzugte Akkumulation im sozialistischen Sektor ist vor allem auf ökonomischem Wege zu erreichen, unter Anwendung der Grundprinzipien der Neuen Ökonomischen Politik. Dies erfordert, die *Methoden der sozialistischen Wirtschaftsführung* zu verbessern. Diese Methoden werden durch die Erkenntnis und die bewußte Ausnutzung der objektiven ökonomischen Gesetze bestimmt. Dabei ist die organisierende Rolle des Arbeiter-und-Bauernstaates von größter Bedeutung. Je besser die Wirtschaftsorgane des Staates lernen, die ökonomischen Gesetze zu meistern, desto größer wird der Wirkungsgrad unserer wirtschaftlichen Tätigkeit sein. In der leitenden Rolle der Staatsorgane im Wirtschaftsleben kommt die Führung der Gesellschaft durch die Arbeiterklasse zum Ausdruck. Es ist eine der wichtigsten Aufgaben der Arbeiterklasse in der Übergangsperiode, die Leitung der Volkswirtschaft im ganzen wie im einzelnen Betrieb zu erlernen und ständig zu verbessern. Wenn wir die gegenwärtige Lage in der Deutschen Demokratischen Republik betrachten, müssen wir in dieser Beziehung gewiß noch viele Mängel feststellen. Gerade in der Wirtschaftsführung werden bei uns noch viele Fehler gemacht, so daß manchmal die Arbeiter in den Betrieben auf eine harte Probe gestellt werden. Und dennoch können und müssen wir feststellen, die Arbeiterklasse in der DDR hat bereits bewiesen, daß sie die Wirtschaft besser zu leiten versteht als die Kapitalisten. Mit solchen Erscheinungen wie Arbeitslosigkeit und Krisen sind wir bereits fertiggeworden. Wir haben solche technischen Wunderwerke wie das Eisenhüttenkombinat Stalin, die Niederschachtöfen in Calbe, die Großkokerei Lauchhammer und die Hochsee-Werften errichtet. Um so mehr werden wir auch mit den Mängeln fertig werden, die uns heute im Aufbau stören. Die Arbeiterklasse der Deutschen Demokratischen

Republik hat in enger Zusammenarbeit mit der Intelligenz bereits begonnen, die ökonomischen Gesetze zu beherrschen und sie wird sie so meistern, daß der Sieg der neuen Gesellschaftsordnung gewiß ist.

Die wichtigsten Methoden der sozialistischen Wirtschaftsführung, auf die wir jetzt unsere Aufmerksamkeit konzentrieren müssen, sind das Sparsamkeitsregime und die Wirtschaftliche Rechnungsführung, die auf der Ausnutzung des Wertgesetzes beruhen.

Wenn wir in der ganzen Wirtschaft auf die strenge Durchführung des Sparsamkeitsregimes drängen, so hat dies natürlich nichts mit einer Einschränkung des Verbrauchs zu tun. Im Gegenteil! Wir drängen auf den sparsamen Umgang mit Material, Arbeitszeit und Geld, um das Prinzip des größten Nutzens bei geringstem Aufwand durchzusetzen. Die konsequente Anwendung des Sparsamkeitsregimes bedeutet Steigerung der Produktion und ermöglicht damit eine Erhöhung des Verbrauchs.

Das wichtigste Mittel, um das Sparsamkeitsregime zu verwirklichen, ist die Wirtschaftliche Rechnungsführung. Im Lehrbuch „Politische Ökonomie" heißt es:

> „Die *wirtschaftliche Rechnungsführung* ist die Methode der planmäßigen Wirtschaftsführung in den sozialistischen Betrieben, die eine Gegenüberstellung des Aufwands und der Resultate der Produktion in Geldform, die Deckung der Ausgaben des Betriebs aus eigenen Einnahmen und die Sicherung der Rentabilität der Produktion erfordert."[1])

Die Gegenüberstellung des Aufwands und der Resultate der Produktion in Geldform verlangt die genaue Kalkulation dieses Aufwands, d. h. der Produktionskosten. Die Sicherung der Rentabilität verlangt den systematischen Kampf um die Senkung der Selbstkosten in allen ihren Teilen, der wiederum ihre genaue Kenntnis voraussetzt. Die unbedingte Voraussetzung einer genauen Kalkulation ist aber die Ausarbeitung und Anwendung exakter technisch begründeter und fortschrittlicher Normen und anderer ökonomischer Kennziffern. Dabei genügen nicht allein die Normen für Maschinenausnutzung, für Energie- und Materialverbrauch und die Arbeitsnormen. Es müssen auf technisch-ökonomischer Grundlage auch Kennziffern für die Gemeinkosten und die Umlaufmittel festgesetzt werden. Auf diesem Gebiete haben wir mit der Arbeit eigentlich erst zaghaft begonnen. Eine wissenschaftliche Arbeitsgruppe hat geprüft, ob es möglich ist, im

---

[1]) „Politische Ökonomie", Lehrbuch, S. 528.

Jahre 1955 ökonomisch begründete Richttage für Umlaufmittel festzusetzen. Sie ist dabei zu dem Ergebnis gekommen, daß in keiner Hauptverwaltung die dafür notwendigen Betriebsunterlagen vorhanden sind. Weder für das Grundmaterial, noch für Brenn- und Treibstoffe und das übrige Hilfsmaterial liegen technisch und ökonomisch begründete Verbrauchs- und Vorratsnormen vor. Und ebensowenig gibt es Unterlagen, um den notwendigen Bedarf an Umlaufmitteln für die unvollendete Produktion festzustellen. Diese Unterlagen müssen also erst ausgearbeitet werden. Solange wir aber nicht zu wirklich ökonomisch gerechtfertigten Kennziffern für die Umlaufmittel und für die Gemeinkosten kommen, hat die Kalkulation der Selbstkosten eine Lücke, in der ungenutzte Reserven versteckt werden können. Die Normen und überhaupt die technisch-ökonomischen Kennziffern sind das Kernstück der Wirtschaftlichen Rechnungsführung.

Es gibt in den Fragen der Kalkulation der Selbstkosten auch noch einige ungelöste Probleme, mit denen sich unsere Wirtschaftswissenschaft befassen muß. So behandelt z. B. Helmut Kliem die Frage der Kostenspaltung nach dem Prinzip der Verschuldung bei Kostenüberschreitung. Er kommt dabei zu folgendem Schluß:

> „In der praktischen Durchführung ist die kostenmäßige Aussonderung der unverschuldeten Kostenüberschreitungen zu Lasten anderer Abteilungen außerordentlich problematisch und kann sowohl vom arbeitsmäßigen Standpunkt als auch aus theoretischen Erwägungen heraus nicht befürwortet werden."[1])

Zugegeben, daß die Sache vom arbeitsmäßigen Standpunkt nicht einfach ist, aber vom theoretischen Standpunkt aus kann man Kliem nicht zustimmen, wenn er auf Grund seiner Darstellung z. B. zu dem Schluß gelangt, daß die Rückrechnung der Ausschußbelastung aus arbeitsmäßigen Gründen nicht durch alle vorgelagerten Produktionsstufen, sondern unmittelbar auf die verursachende Stufe geschieht.[2]) Kliem hätte statt „verursachende" die „entdeckende Stufe" sagen sollen. Der Sinn der Ausführungen besteht darin, daß ein Stahlblock, um bei Kliems Beispiel zu bleiben, der im Feineisenwalzwerk als Ausschuß ermittelt wird, nicht den Stahlwerkern, sondern den Feineisenwalzern als Ausschuß

---

[1]) Helmut Kliem, „Probleme der Kostenerfassung und Kostenanalyse im sozialistischen Industriebetrieb", Diskussionsbeiträge zu Wirtschaftsfragen, Heft 16, S. 35.

[2]) Ebenda, S. 93.

angerechnet wird. Die Stahlwerker haben für diesen Ausschußblock möglicherweise sogar noch eine Prämie erhalten. Es ist zumindest theoretisch klar, daß diese Praxis dem Gesetz der Verteilung nach Arbeitsleistung widerspricht, und es sollten Anstrengungen gemacht werden, eine andere Lösung dieser Frage zu finden. Daß auch die sowjetischen Ökonomen sich mit dieser Frage befassen[1]), weist darauf hin, daß hier ein wirkliches Problem vorliegt, über das wir nicht aus „arbeitsmäßigen" Erwägungen hinweggehen sollten.

Das Ziel der Wirtschaftlichen Rechnungsführung ist die Erlangung bzw. Steigerung der Rentabilität der volkseigenen Betriebe. Die Rentabilität, d. h. der Gewinn der Betriebe, ergibt sich aus der Differenz zwischen den Selbstkosten und den Abgabepreisen. Andererseits sind die Preise für Material usw. selbst ein Element der Selbstkosten. Eine richtige Preispolitik ist also für die Erlangung einer echten Rentabilität von außerordentlicher Bedeutung.

In seinem Beschluß vom 9. Dezember 1952 forderte das Politbüro des ZK der Sozialistischen Einheitspartei Deutschlands, „die gesamte Preisgestaltung auf eine wissenschaftliche Grundlage zu stellen". Darum muß die Preisfestsetzung „auf einer exakten Berechnung der Selbstkosten bei Anwendung fortschrittlicher technisch begründeter Normen beruhen". Entsprechend diesem Beschluß sollen die hohen Preisstützungen, besonders für Grundstoffe, allmählich abgebaut werden. Unmittelbar danach wurden 1953 die Preise für Steinkohle, Koks und Buntmetalle erhöht. Daß diese Preiserhöhungen keine nachteiligen Wirkungen für die Verbraucher hatten, beweisen die inzwischen durchgeführten Preissenkungen für Massenbedarfsgüter. Mit den damaligen Preisänderungen wurde ein erster Schritt zur Ordnung unseres Preissystems bei Ausnutzung des Wertgesetzes getan. Die Preiserhöhung wurde in der Metallurgie abgefangen. Inzwischen sind die Voraussetzungen geschaffen worden, einen nächsten Schritt zu tun und die Abgabepreise in der eisenschaffenden Industrie auf der Grundlage der Selbstkosten neu zu regeln. Natürlich sind die Preiserhöhungen für Grundstoffe nur eine einmalige Maßnahme, um die Preise auf eine wissenschaftliche Grundlage zu stellen. Damit wird die Voraussetzung für einen wirklichen Kampf um die Senkung der Selbstkosten und die Erlangung der Rentabilität in den betreffenden Zweigen geschaffen, wodurch spätere Preissenkungen ermöglicht werden.

---

[1]) HELMUT KLIEM, „Probleme der Kostenerfassung und Kostenanalyse im sozialistischen Industriebetrieb", Diskussionsbeiträge zu Wirtschaftsfragen, Heft 16, S. 36.

Die Preise sind ein äußerst wichtiges Mittel bei der Planung und Entwicklung der sozialistischen Produktion, bei der Herstellung der richtigen Proportionen sowie bei der Herstellung der Beziehungen zwischen den verschiedenen Sektoren unserer Volkswirtschaft. Dabei zeigt uns auch hier die Praxis, wie sich die ungenügende Beachtung des Wertgesetzes bei der Preisfestsetzung nachteilig auf die gesamte Volkswirtschaft auswirkt.

So hat z. B. die durch die Verordnung Nr. 341 des Ministeriums für Maschinenbau 1954 verfügte Preiserhöhung die Durchführung der Investitionspläne gestört und die Preispolitik in Unordnung gebracht. Den betreffenden Betrieben des Maschinenbaus aber brachte sie einen ungerechtfertigten überplanmäßigen Gewinn ein. Es muß bei der weiteren Preisgestaltung verhindert werden, daß die Produzenten durch selbständige Festsetzung der Preise für ihre Erzeugnisse die Rentabilität ihrer Betriebe erhöhen können, denn das heißt, die Rentabilität auf Kosten anderer steigern. Der einzige Weg zur echten Rentabilitätssteigerung ist der Kampf um die Senkung der Selbstkosten.

Völlig ungenügend wurde bisher das Wertgesetz bei der Festsetzung der Preise für landwirtschaftliche Produkte beachtet. Während die Preise für die Erfassung oft unter den Selbstkosten liegen, übersteigen die Aufkaufpreise die Selbstkosten um das mehrfache. Diese Preise haben sich bisher als ein wirksamer Hebel zur Steigerung der landwirtschaftlichen Produktion, besonders der tierischen Erzeugnisse, bewährt. Es sind jedoch im Laufe der Zeit einige Mißverhältnisse eingetreten, die sich schädlich auswirken. Während z. B. die Preise für Milch und für Schweinefleisch sehr hoch sind, ist der preismäßige Anreiz für die Aufzucht von Kälbern, für den Anbau von Gemüse u. a. sehr gering. Das wirkt sich hemmend auf die Herstellung wichtiger landwirtschaftlicher Erzeugnisse aus.

Bei der weiteren Preisgestaltung kommt es darauf an, die volkswirtschaftliche Wirkung jeder einzelnen Preiskategorie genau zu untersuchen, die Preise noch mehr als bisher als ökonomischen Hebel zur planmäßigen Entwicklung der Volkswirtschaft auf der Grundlage des ökonomischen Grundgesetzes des Sozialismus zu verwenden und danach zu streben, das Wertgesetz bei der Festsetzung aller Preise so weit wie möglich auszunutzen. Natürlich kann keine Rede davon sein, alle Preise entsprechend dem Werte festzusetzen, das hieße sich mit der elementaren Wirkung des Wertgesetzes abfinden. Die Ausnutzung des Wertgesetzes dient der genauen Ermittlung der Selbstkosten, während die Festsetzung der Preise von dieser Grundlage ausgehend planmäßig entsprechend der jeweiligen volkswirtschaftlichen Aufgaben erfolgt.

Die Ausnutzung der ökonomischen Gesetze des Sozialismus und die Verbesserung der Methoden der sozialistischen Wirtschaftsführung in der Übergangsperiode verfolgt das Ziel, das ökonomische Grundgesetz des Sozialismus immer umfangreicher zur Entfaltung zu bringen. Dadurch wird in der Übergangsperiode das ununterbrochene Wachstum und die stetige Vervollkommnung der sozialistischen Produktion wie auch die ständig bessere Befriedigung der wachsenden materiellen und kulturellen Bedürfnisse der Werktätigen gesichert.

Indem wir unentwegt in diesem Sinne arbeiten, beweisen wir die Überlegenheit der Wirtschaft in der Deutschen Demokratischen Republik über die kapitalistische Wirtschaft in Westdeutschland und fördern damit das große Ziel des deutschen Volkes, die Wiederherstellung der Einheit Deutschlands als eines friedliebenden, demokratischen, unabhängigen und starken Landes.

## IV. Ökonomie und Ideologie

Wenn wir uns nun zum Schluß der Frage zuwenden, wie sich die ökonomische Entwicklung in der Deutschen Demokratischen Republik in der Entwicklung des Bewußtseins, der Ideologie, widergespiegelt hat, so müssen wir zwar feststellen, daß die ideologische Entwicklung hinter der politischen und ökonomischen Entwicklung zurückgeblieben ist, wir dürfen zugleich aber auch sagen, daß auf dem Gebiete der Wirtschaftswissenschaft in den letzten Jahren eine gewisse Verbesserung eingetreten ist. Gewiß ist der Hang zum lebensfremden, talmudistischen „Theoretisieren“ noch lange nicht überwunden. Aber unsere Wirtschaftstheoretiker haben sich doch beträchtlich den praktischen Aufgaben zugewandt. Wir haben eine Belebung auf dem Gebiete der Wirtschaftswissenschaft erzielt. Davon zeugt die große Anzahl wirtschaftswissenschaftlicher Arbeiten, die in den letzten Jahren in unserer Republik erschienen ist. Besonders bemerkenswert ist die Herausgabe der Schriftenreihe „Diskussionsbeiträge zu Wirtschaftsfragen“ durch den Verlag „Die Wirtschaft“. Die meisten der in dieser Reihe veröffentlichten Schriften, die vorwiegend von jüngeren Ökonomen geschrieben wurden, befassen sich wirklich mit brennenden Fragen unseres wirtschaftlichen Aufbaues. Ein Mangel vieler dieser Schriften besteht nur darin, daß die Autoren ihre Darstellungen in oftmals unnötiger Weise mit komplizierten Berechnungstabellen und Schemata überladen. Dadurch werden die Schriften nicht nur für Arbeiter, sondern auch für die meisten Wirtschaftsfunktionäre in der Praxis unlesbar und verlieren an Wirksamkeit. Ich will gar nicht bestreiten, daß die höhere Mathematik der politischen Ökonomie große Hilfsdienste erweisen kann, aber wir sollten bei der Behandlung theoretischer ökonomischer Probleme doch nie außer acht lassen, daß es uns auf die praktische Anwendbarkeit unserer theoretischen Erkenntnisse ankommt. Diese ist aber nur gegeben, wenn auch die Praktiker die Sprache der Theoretiker verstehen, und sie wird noch viel wirksamer, wenn auch die fortschrittlichen Arbeiter, die sich heute sehr eifrig mit ökonomischen Fragen beschäftigen, aus den Arbeiten unserer Theoretiker Nutzen ziehen können.

In den letzten Jahren wurde ferner die Zeitschrift „Wirtschaftswissenschaft" herausgegeben, in der viele Fragen der ökonomischen Theorie und Praxis sowohl der DDR wie auch Westdeutschlands behandelt wurden. Schließlich wurden bei der Deutschen Akademie der Wissenschaften zu Berlin das Institut für Wirtschaftswissenschaften und die Sektion für Wirtschaftswissenschaften als Zentren der ökonomischen Forschungstätigkeit geschaffen.

Der größte Mangel besteht auch auf dem Gebiet der Wirtschaftswissenschaft noch immer darin, daß es nicht gelungen ist, umfangreiche Diskussionen über Fragen der ökonomischen Theorie und Praxis zustande zu bringen. Gewiß gibt es auch auf diesem Gebiete Anfänge, aber wir sind über diese Anfänge nicht hinausgekommen. Dabei waren genügend Anlässe zu solchen Diskussionen vorhanden, wie z. B. die Konferenz der Karl-Marx-Universität Leipzig über die Arbeitsproduktivität, die Diskussionen über die Berechnung der industriellen Bruttoproduktion oder die Diskussionen über die Lohnprobleme zeigen. Aber diese Diskussionen blieben meist auf einen engen Rahmen beschränkt, sie wurden abgebrochen oder besser gesagt, sie schliefen ein, ohne zu Ende geführt zu werden. Es haben auch zu wenig Konferenzen und sonstige Tagungen stattgefunden, auf denen ökonomische Fragen erörtert wurden. In dieser Beziehung müssen wir unsere Arbeit bedeutend verbessern.

Es muß auch festgestellt werden, daß das Verhältnis zwischen Wirtschaftswissenschaft und Wirtschaftspraxis bei uns noch viel zu wünschen übrig läßt. Sehr häufig haben wir hier statt einer engen Verbindung ein Nebeneinanderherlaufen. Es gibt noch keinen regen Gedankenaustausch, keine wirkliche Zusammenarbeit zwischen Theoretikern und Praktikern. Ich habe sehr häufig die

Beobachtung machen müssen, daß die Wirtschaftspraktiker von den Arbeiten der Theoretiker wenig Kenntnis nahmen, die theoretische Literatur nicht verfolgen und sie daher in ihrer Arbeit nicht ausnutzen können. Ich will nur ein Beispiel anführen. Im Jahre 1953 erschien die Schrift von CURT TEICHMANN „Zur Ökonomik des Binnenhandels". Die Schrift hätte doch unter den Funktionären unserer Handelsorgane eine rege Diskussion hervorrufen müssen, denn sie gibt reichlich Anlaß dazu. Ich habe viele führende Funktionäre unserer Handelsorgane danach gefragt, die meisten wußten nicht einmal, daß eine solche Schrift erschienen ist! Es gibt auch Beispiele dafür, daß die Wirtschaftswissenschaftler bestimmte Probleme gelöst haben, wie z.B. die Frage der Messung der Arbeitsproduktivität, aber bis jetzt wurden keine praktischen Schlußfolgerungen daraus gezogen. Wir müssen also nach Wegen suchen, um eine engere Zusammenarbeit zwischen Theoretikern und Praktikern auf ökonomischem Gebiet zu erlangen. Es gibt in letzter Zeit einige gute Ansätze dafür und ist zu hoffen, daß die Sache sich grundlegend verbessern wird, da unsere Wirschaftspraktiker jetzt energisch daran gehen, das Lehrbuch „Politische Ökonomie" zu studieren.

Die Lösung der Aufgaben der Übergangsperiode ist aber weder eine Sache der Wirtschaftstheoretiker noch der praktischen Wirtschaftsfunktionäre allein. Sie ist eine Angelegenheit der breiten Massen. Die Volksmassen sind die entscheidende Kraft in der Entwicklung der sozialistischen Ökonomie. Nur durch ihre Arbeit wird der Plan erfüllt. Im Wettbewerb der Massen setzt sich das Gesetz der stetigen Steigerung der Arbeitsproduktivität, das Sparsamkeitsregime durch, wird die Rentabilität gesteigert. Im Wettbewerb der Massen wird die rückständige Ideologie überwunden, die bei uns aus dem Westen ständig neue Nahrung erhält. Aber auch diese Überwindung geht nicht automatisch vor sich. Gerade weil ein objektives Zurückbleiben des Bewußtseins hinter dem Sein besteht, ist die ideologische Aufklärungsarbeit, der ideologische Kampf gegen rückständige Propaganda um so mehr notwendig. Die wirtschaftswissenschaftliche Propaganda ist daher in der Gegenwart unserer Übergangsperiode von besonderer Wichtigkeit.

Die Arbeiter in den volkseigenen Betrieben lechzen jetzt geradezu nach wirtschaftswissenschaftlicher Aufklärung. Sie haben sich nach dem 21. Plenum des Zentralkomitees der Sozialistischen Einheitspartei Deutschlands in Massen dem Studium der ökonomischen Probleme zugewandt. Es entwickeln sich solche neuen

Formen der Arbeit wie die ökonomischen Konferenzen in den volkseigenen Betrieben. Ende Februar wurde die erste dieser Konferenzen von der Betriebsparteiorganisation der SED im VEB Modul, Karl-Marx-Stadt, abgehalten, in der die konkreten Fragen zur Steigerung der Rentabilität des Betriebes von den Arbeitern, Technikern und Ingenieuren beraten wurden.

Es ist also eine neue Lage in unseren sozialistischen Betrieben entstanden, die besonders an die Wirtschaftswissenschaftler hohe Anforderungen stellt. Sie an erster Stelle müssen jetzt helfen, durch eine breite Propagierung wirtschaftswissenschaftlicher Kenntnisse die schöpferische Tätigkeit der Massen auf ökonomischem Gebiet zu fördern. Sie müssen den Arbeitern an Hand der konkreten Lage im gegebenen Betrieb das Wesen und Wirken der ökonomischen Gesetze des Sozialismus erläutern. Das Lehrbuch „Politische Ökonomie“ ist für diese Arbeit ein zuverlässiger Leitfaden. Unter Auswertung der in diesem Lehrbuch zusammengefaßten Erfahrungen des sozialistischen Aufbaus in der Sowjetunion gilt es nun, den Massen die konkreten Aufgaben der Übergangsperiode in der Deutschen Demokratischen Republik, die konkreten Aufgaben in ihrem eigenen Betrieb, theoretisch und praktisch zu erläutern. Die Wirtschaftswissenschaftler selbst werden ihre eigene Forschungstätigkeit durch diese Propagandaarbeit in den Betrieben befruchten, indem sie reichere und tiefere Kenntnisse unserer wirtschaftlichen Praxis erwerben.

Denken wir immer daran, unsere marxistisch-leninistische Wissenschaft ist kein Dogma, sondern eine Anleitung zum Handeln. Je enger wir uns mit der Praxis verbinden, je fester wir die Zusammenarbeit der Wissenschaft mit den Volksmassen gestalten, um so erfolgreicher werden wir die Aufgabe der Übergangsperiode in der Deutschen Demokratischen Republik lösen.

## Die Planung und Regulierung des Bargeldumlaufs in der Deutschen Demokratischen Republik

von CHARLES DEWEY

1956 — VIII, 188 Seiten — 9 Abb. — 1 Ausschlagtafel — 7 Tab. — gr. 8° — 6,— DM

Mit diesem Werk wird der Öffentlichkeit erstmalig eine eingehende Darstellung des Bargeldumlaufs in der Deutschen Demokratischen Republik auf wissenschaftlicher Grundlage übergeben. Der Verfasser, der selbst an der Vorbereitung und Durchführung einer Vielzahl von Maßnahmen auf dem Gebiet der Geldzirkulation als Initiator und Organisator beteiligt war, legt dar, wie mit Hilfe der Kontrolle durch die Deutsche Mark der Deutschen Notenbank Disproportionen rechtzeitig erkannt und wirksame Maßnahmen zu ihrer Beseitigung eingeleitet werden können. Von besonderem Interesse sind u. a. die Untersuchungen über eine Reihe von Fragen, die sich aus der Zirkulation der Deutschen Mark der Deutschen Notenbank in und mit Westberlin ergeben. Ferner werden die Prinzipien und Methoden bei der Aufstellung der Bargeldumsatzpläne und die Verwirklichung der Plandirektiven zusammenfassend dargestellt.

Das Buch stellt eine wertvolle Bereicherung unserer Fachliteratur auf dem Finanzsektor dar und gehört in die Hand eines jeden, der in seiner praktischen oder pädagogischen Tätigkeit mit Fragen der Geldzirkulation in Berührung kommt.

In Vorbereitung:

## Bankpolitik, Staatshaushalt und Währung in Westdeutschland

Autorenkollektiv unter Leitung von ALFRED LEMMNITZ

Die Ergebnisse der Forschungstätigkeit einiger Wirtschaftswissenschaftler der DDR über wichtige Probleme der Geld-, Kredit- und Finanzwirtschaft Westdeutschlands werden in den sieben Artikeln dieses Bandes einem breiten Kreis zugänglich gemacht. Durch wissenschaftliche Analysen der wirtschaftlichen Entwicklung Westdeutschlands nach 1945 wird vor allem die beherrschende Stellung der Monopole und der Klassencharakter des Bonner Staates aufgedeckt. Dieser Nachweis erfolgt anhand eines umfangreichen, bei uns bisher weitgehend unbekannten Tatsachenmaterials und durch gründliche Untersuchung der neuen wirtschaftlichen Prozesse.

Neben einem Beitrag von Prof. Dr. Lemmnitz über die Rolle der westdeutschen Währung enthält das Buch Arbeiten von Prof. Dr. Rzesnitzek und Dr. Wergo über die westdeutschen Haushalte, eine eingehende Untersuchung von Dr. Joswig über die Lenkungsmethoden des Zentralbanksystems in Westdeutschland und außerdem Aufsätze über die Restriktionspolitik der Bank deutscher Länder, die Aufrechterhaltung und Entwicklung der Bankmonopole sowie über die Rolle der Kreditanstalt für Wiederaufbau.

*Bestellungen durch eine Buchhandlung erbeten*

A K A D E M I E - V E R L A G · B E R L I N

FSC
www.fsc.org
MIX
Papier | Fördert gute Waldnutzung
FSC® C083411

Kolibri 360 GmbH
Ferdinand-Jühlke-Straße 7
99095 Erfurt, Deutschland
produktsicherheit@kolibri360.de